中國學術思想 研究輯刊

三七編

林慶彰 主編

第 15 冊

坐進此道——
《悟真篇》研究與實踐（第三冊）

仲秋艷、楊銳、劉嘉童、謝群 著

花木蘭文化事業有限公司

國家圖書館出版品預行編目資料

坐進此道——《悟真篇》研究與實踐（第三冊）／仲秋艷、楊銳、
劉嘉童、謝群 著 -- 初版 -- 新北市：花木蘭文化事業有限公司，
2023〔民 112〕
目 2+200 面；19×26 公分
（中國學術思想研究輯刊 三七編；第 15 冊）
ISBN 978-626-344-183-5（精裝）
1.CST：道教修鍊 2.CST：學術思想
030.8   111021702

ISBN-978-626-344-183-5

9 786263 441835

中國學術思想研究輯刊
三七編　第十五冊　　　　　　ISBN：978-626-344-183-5

坐進此道——
《悟真篇》研究與實踐（第三冊）

作　　　者　仲秋艷、楊銳、劉嘉童、謝群
主　　　編　林慶彰
總 編 輯　杜潔祥
副總編輯　楊嘉樂
編輯主任　許郁翎
編　　　輯　張雅淋、潘玟靜　美術編輯　陳逸婷
出　　　版　花木蘭文化事業有限公司
發 行 人　高小娟
聯絡地址　235 新北市中和區中安街七二號十三樓
　　　　　電話：02-2923-1455／傳真：02-2923-1452
網　　　址　http://www.huamulan.tw 信箱 service@huamulans.com
印　　　刷　普羅文化出版廣告事業
封面設計　劉開工作室
初　　　版　2023 年 3 月
定　　　價　三七編 17 冊（精裝）新台幣 46,000 元　　版權所有・請勿翻印

坐進此道——
《悟真篇》研究與實踐（第三冊）

仲秋艷、楊銳、劉嘉童、謝群　著

目

次

十七、藥逢氣類方成象
道在希夷合自然

1

唐代丹經《入藥鏡》，南北兩派眾口一致地說是好經。

好，我問你，「水怕乾，火怕寒，差毫髮，不結丹」一句，「差毫髮」，就不行，不僅崔公說得這麼驚悚，三祖也說得駭人聽聞：「毫釐有差，天地懸隔。」那麼在這「毫髮」之間，修行人是怎樣操作的呢？

> 欲得現前，莫存順逆。
> 違順相爭，是為心病。
> 不識玄旨，徒勞念靜。
> 圓同太虛，無欠無餘。
> 良由取捨，所以不如。
> 莫逐有緣，勿住空忍。
> 一種平懷，泯然自盡。
> 止動歸止，止更彌動。
> 惟滯兩邊，寧知一種。
> 一種不通，兩處失功。
> 遣有沒有，從空背空。
> 多言多慮，轉不相應。
> 絕言絕慮，無處不通。

　　　歸根得旨，隨照失宗。

　　　須臾返照，勝卻前空。

——僧璨《信心銘》

看最後一句，是三祖的經驗之談。

念有一毫不止，息不能定；息有一發之未定，命不我有。

遣思澄欲，寧靜到一念不起，這就是操作。

其實，它實在是不需要操作的，於此當下，你不「返照」都得「返照」……

由不得你，全靠他了……

　　　前空轉變，皆由妄見。

　　　不用求真，唯須息見。

　　　二見不住，慎勿追尋。

　　　才有是非，紛然失心。

　　　二由一有，一亦莫守。

　　　一心不生，萬法無咎。

——僧璨《信心銘》

　　那崔公你說「功到自然成」不好嗎？有必要說得那麼「懸念」叢生嗎？這還是道家的性格決定的，它本來就不想讓你明白的。社會發展需要那麼多的勞動力，能都讓人們蒲團上坐著、都去「修仙兒」？那「仙兒們」吃什麼呢？「藐姑射之山，有神人居焉。……不食五穀，吸風飲露」，那都是說故事打比喻啊兄弟。

　　所以我讓諸位多多閱讀一些粗陋寡聞的西方的「道友」的經驗談，是深有用意的。儘管《七寶樓臺》等書理論粗糙、不成體系，而且翻譯得也不忍卒讀。正是因為如此，才建議認真閱讀。它呈現著麥粒的最原始的狀態，等被做成了精緻的糕點、油酥，就差不多成「垃圾食品」了。說老實話，從播種到收割到做成健脾養胃的雞蛋麵湯，您只需要一年；而要成為一代「點心」大師，您不給我交十年的學費恐怕不行，或者給山野村夫養十年的羊種十年的菜園子，呵呵，差不多就出師了。

　　央視的「中華醫藥」報導過流行於北方的雞蛋麵湯，但是也是「傳藥不傳火」。攪麵湯的火候訣竅，沒有老師點撥也不行，這是從美食家那裡學來的，有兩個關鍵兩個注意並武火文火之轉換之要訣，然不說你不知道，而「說破人須失笑」：備一小碗的石磨麵粉，加入適量的水，用筷子攪成稠稠的麵糊，關

鍵是，要攪出似麵筋非麵筋的一種狀態。鍋中水開後，將麵筋糊慢慢倒入水中的同時，用筷子快速攪拌，關鍵是，要快速攪動。以武火烹燒後，注意，再用文火煮上幾分鐘，為的是去掉麵粉的生味。然後打上一個蛋花兒，注意，要立刻封爐關火，湯老了易攜帶一股糊味。好了，有幸得之者信之珍之惜之好之。就是這一碗淡淡的不放任何調味品的甜麵湯，平平淡淡且回味悠長且最是養生，生活亦然，修行亦然。

　　　　上主方才將靈魂放在祂的聖殿中心——這個正如同人們所說的天堂的地方，靈魂在遊入內在後，再也不覺曾經的各種紛擾。

　　　　整個的人彷彿是在另外一個世界，在那兒，暫不說別的，那是一個被光明籠罩的世界。只是就光明來講，那超現實的光輝，終其一生也是不能想像的。尤其值得一提的是，在那個一剎那，你就覺悟了一切——靈魂之眼中的世界，比起肉眼來，不可相提並論，這是人一生的智力研究都不能達到其千分之一的真知。

　　　　　　　　　　　　　　　　　——St.Teresa of Avila（1515～1582）

　　　　只要靈魂仍有依戀，無論其中有多少善良，它都無法達到神聖的自由。

　　　　　　　　　　　　　　　　　——St.John of the Cross（1542～1591）

　　　　鳥兒飛在空中，

　　　　它的影子——

　　　　留在遙遠的地面。

　　　　不用鳥喙，

　　　　它就能啜飲天水。

　　　　　　　　　　　　　　　　　　　　——Kabir（1398～1518）

　　自唐代「鍾呂」的「順人逆仙」說開始，經五代陳摶老祖的《無極圖》、北宋邵雍的先天後天八卦圖、王重陽的《四得頌》，到明清伍柳師徒，丹道被總結為三步（或四步）。

　　「清靜無為」就是「煉神還虛」的火候運用。

　　　　問：「後之神水沐浴何如？」

　　　　董答曰：「論採取之法，只以採取至黃庭為率。而後之沐浴，當以神水自腦中、心中、腎中，三處皆要送足，則無偏勝也。故此之沐浴，不可止於黃庭，惟止於爐中而住焉。而沐浴之名，以其遍處

皆到故也。其再行之法，不必於爐鼎間，只須尾閭關待之，自然得真水而上升矣。」

問：「《大成集》之『三三灌溉資神水，不用工夫運火牛』之義？」

董答曰：「此二句非卯酉沐浴之法，是神水沐浴之義。蓋以後三關之水陞於頂，而至前三田灌溉，則神水可作水火而調和之，何必更用火牛運動，以致傷其丹藥也。」

問：「後之沐浴，已稍知其概。還乞再言其詳，則庶無舛訛。」

張答曰：「聞子所言沐浴之大意，固為可也。然當其藥物採取入於黃庭之中，不可即時入於氣穴者，蓋恐傷其藥物而抽出，是則有散墮之患。當以不內是、不外片刻，然後以意從氣穴翰歸尾閭，將神水至三關、三田俱遍。如是三次，則沐浴全矣。緣黃庭乃固藥之地，切要關防，一有不謹，就有傷丹之憂。故為最要緊也。但所謂不內、不外者，即神息任天然之義耳。不可遠索他尋。」

——《丹道發微》

所以，不能不使人越發相信，老子確是一位實修。

至少，《老子》裏面很多是實在的修持經驗，「致虛極，守靜篤」、「虛其心，實其腹」、「見素抱樸，少私寡欲」、「雖有榮觀，燕處超然」、「歸根曰靜，靜曰覆命」、「深根固蒂，長生久視」。

讀懂《老子》我用了十年，之後，閱讀 Rumi 和 Kabir，只是一瞥之間，呵呵，長老和古魯就顯靈就附體了。

崔公又說：「得之者，常似醉。」

卡比爾則說：「飲到此甘露者，走在世間，形同瘋子。」

學者你要明白，這是崔公這是古魯在「歌以詠志」。

崔公得道後每天在幹什麼已經不能考據了，但你看偉大的導師，他瘋癲嗎？

日常狀態不依舊是每天織布賣布、養家糊口？何嘗有一些瘋子之舉？

馬克思博士說，「宗教是人民的鴉片。」——他說得真好。

「得之者」只是「似醉」，卻不是醉得嘔吐啊。

「玄酒」者，又名自然，號希夷，味道極淡，其淡如水。

　　無名客，無牽迫，無桑無梓無田宅。古岩前，老松邊，長歌隱几，徐徐考太玄。玄中默論無生死，實際何曾分彼此。貫千經，協

三靈，包含萬化，都歸一念冥。

　　行不勞坐不倦，任行任坐隨吾便。晚風輕，暮天晴，逍遙大道，
南溪上下平。溪東幸獲忘形友，月下時斟消夜酒。酒杯停，月華清，
披補救散髮，欣欣唱道情。

——丘處機《梅花引磻溪舊隱》

所以，學道之人最忌諱的就是「望文生義」和「東施效顰」。

即使在世俗的酒桌上，我們不是也知道一句俗話麼，「飲酒不醉為最高」？
更何況，「李白斗酒詩百篇」，身為庸人的我們呢？別留下一地穢物就好。

莫拉維‧賈拉魯丁‧魯米，原名叫穆罕默德，又被人們尊稱為莫拉維，意
思是大師、長老。賈拉魯丁是他的稱號，意思是宗教聖人。這位托缽僧領袖在
世俗社會的地位，應該是類似於中國丐幫的幫主洪七公。

　　國土河沙數，廣論無遮護。

　　窮閒一個人，無棍又沒褲。

——普庵《金剛隨機無盡頌‧一體同觀分第十八》

這位伊斯蘭教蘇非主義的代表說：

What is the soul? Consciousness.

這是第一次讀到神學家這麼直接的敘述！

不知道這位來自「魯姆」（東羅馬帝國）的穆斯林看到過徹底的唯物主義
者德謨克里特論靈魂沒有？在他看來靈魂是由原子組成的，思想也是物理的
過程。宇宙之中並沒有目的，只有被機械的法則所統馭著的原子。他不相信流
俗的宗教，他反駁過阿那克薩哥拉的 nous（心，理智）。另一位希臘哲學家中
的大咖赫拉克利特也感歎過：靈魂的邊界你是找不出來的，就是你走盡了每一
條大路也找不出，靈魂的根源是那麼深。

魯米的詩歌生涯源於與一位神秘派（Sufi）先驅詩人法里多丁的會面，後
者送給他一本名為《阿斯拉爾書》的神秘派詩集，從此為他打開了一個新世界
的門戶。1239 年之後的兩年間，他師從神秘派行腳僧夏姆士‧塔勃里茲
（Shamsi of Tabriz），有了切身的「冥想」體驗，並以無數動人的詩篇記述了
這段神秘的奇遇，和宗教體驗的「狂喜」。

魯米的思想世界，因此徹底改觀。

後來，他的詩集就叫做《夏姆士‧塔勃里茲詩歌集》，達到了蘇非思潮的
頂峰，在中國道家、印度傳統，和基督宗教世界中，皆有與之對應的高山。

來聽一個魯米講的《SOUL AND THE OLD WOMAN》的故事，看他和靈魂的邂逅：

> What is the soul? Consciousness. The more awareness. the deeper the soul. and when such essence overflows. you feel a sacredness around.

> 靈魂是什麼？意識。
>
> 越是覺知，靈魂越是深刻。
>
> 而當這樣的本質流溢，你就會感覺到一種神聖。

這種坊間通行的朦朧的譯文，很難說契合了蘇非的心意。

魯米的意思是：

> 靈魂是什麼？就是意識。
>
> 經歷過錘鍊的靈魂是深刻的。
>
> 而在「老練」的境界下，
>
> 她由內向外地流光溢彩。

即，那個「神跡」不是外在的，是在修行人心中「顯靈」的那個「真我」、「嬰兒」、「如來」、「上帝」，和「安拉」。

> It's so simple to tell one who puts on a robe and pretends to be dervish from the real thing.

> We know the taste of pure water. Words can sound like a poem but not have any juice, no flavor to relish.

> 一個人穿上長袍冒充托缽僧是不容易的，
>
> 他的話聽起來像朗誦，但是乏味如水。

> How long do you look at pictures on a bathhouse wall? Soul is what draws you away from those pictures to talk with the old woman who sits outside by the door in the sun. She's half blind, but she had what soul loves to flow into. She's kind; she weeps. She makes quick personal decisions, and laugh so easily.

> 還盯著公共浴室牆上的招貼畫不放？
>
> 收回你靈魂，來與一位老婦人促膝談心。
>
> 她就坐在門外的太陽下，
>
> 一個半瞎的人，但她有著「神」的特質：
>
> 善良、易哭、多變。

沒有絲毫猶豫，轉眼就又笑了。

詩文中的 old woman 寓意靈魂，老婦人的「喜怒無常」的性格，寓言「赤子」之心和「無所住而生其心」。至於那副 pictures，沒有說廣告畫的內容，這個無關緊要，你們都懂得。緊要處在 in the sun，你覺得是譯為「太陽下」好，還是「當下」，或者「希夷」更合適？

在下面這幾首詩中，你是否可以找到丹派的「玄竅」、「真人」？佛教的「如來也如去」？

> Be careful not to regret the past. Be a Sufi, don't talk of the past. You are the son of the moment, you are young, you have vanquished time. This short present moment must not be wasted.

> 當心，不要錯失良機。
> 修行人，就在當下，
> 你已經征服了時間，
> 眼前的剎那，
> 不要錯失！

> Take someone who doesn't keep score, who's not looking to be richer, or afraid of losing, who has not the slightest interest even in his own personality: he's free.

> 向祂學習，
> 沒有名字，
> 沒有愛好，
> 沒有個性，
> 一無所有，
> 一貧如洗，
> 一絲不掛。

在他的飲酒詩中，我們看下在波斯文學史上享有極高的聲譽的聖人、大師、長老、托缽僧，他在「當下」，所言醉話：

> 啜飲那可以感動你的酒，
> 啜飲那可以讓你，
> 像頭無拘無束的駱駝那樣，
> 信步緩行的酒。

聽到舞曲的笛音

從遠方傳來，

是件幸事。

庭園之中擺好了宴席，

今夜，讓我們飲盡桌上所有的酒，

因為現在是春天。

我們是橫過海洋天際的雲，

或者是，燃燒中的片片火焰。

當我說著這沒頭沒腦的話時，

看著天上的半個月亮，

我知道我是醉了。

這兒有一桶葡萄酒，卻沒杯子。

真是棒極了。

清晨，我們兩頰飛紅一次，

夜晚，我們兩頰再飛紅一次。

他們說我們今朝有酒今朝醉。他們說得對。

真是棒極了。

走吧！向內，還是向外？

沒有月亮，沒有大地和天空。

別給我酒杯，

請直接把酒倒進我的嘴裏，

我已經找不到它了。

你以為我知道自己正在幹什麼嗎？

我可有一剎那是屬於我自己的？

我不知道自己在幹做什麼，

就像筆不知道它正在寫什麼，

或球不知道它落在哪兒。

我想問，長老說的「笛音」是誰在吹？

他飲酒不用杯子那用什麼？

飲者都喜歡舉杯望明月？

哦——，他還找不到了自己的「嘴」，那這佳釀又是從哪裏入腹的？

他說自己「不知道自己在幹什麼」，請同學說說你知道他在幹什麼嗎？別給我朗誦這一段兒：

> 桃花塢裏桃花庵，桃花庵下桃花仙。
>
> 桃花仙人種桃樹，又摘桃花賣酒錢。
>
> 別人笑我忒瘋癲，我笑別人看不穿。
>
> 不見五陵豪傑墓，無花無酒鋤作田。

莫猜了，燒腦。因為這個「口」，乃先天器，聚則有形，散則無影……

道謂眾妙之門，又曰「玄竅」，釋曰「來時無物去亦無，譬似浮雲布太虛。拋下一條皮袋骨，還如霜雪入紅爐。」

和尚都已經給你明示了，道學愛好者就勿要在此處，再想入非非想了。

我甚至聽過一些冠名津貼或知名的學者，詮釋丹經，不僅是耽誤瞌睡，也是自誤慧命，

更是毀三觀、敗人倫……

且話說蘇非長老的這個夜觀「天象」，東方真人、釋子在其詩集中，也有記載：

> 月才天際半輪明，早有龍吟虎嘯聲。
>
> 便好用功修二八，一時辰內管丹成。
>
> ——《悟真篇》七言絕句第三十七

> 君不見，日面金仙如月面。
>
> 見非是見見無能，霜天月映琉璃殿。
>
> ——普庵《頌證道歌》

「老仙」最為得意的學術傳承人，元代的上陽子陳致虛注曰：

> 月才天際，月初受日之微陽，虎嘯癸生，虎旺，先天之始氣，時來勿失，爐損難全。紫陽老仙說到這裡，一步緊一步，唯恐後人之不仙也。愚夫濁子，終日談道，以盲引盲，既不知龍吟虎嘯為何物，又不知用工在一時，懵無所知。且道這一時是什麼時，咦，莫向天邊尋子午，早從身上數坤中。

所以這位善飲的長老確係大才子，我們讀他的詩凡知其音者，應該深知「風流不羈只是他的外表」，他深知自己在做什麼，他一定也不瘋癲。因為越是陳年的「玄酒」，越是「希夷」越是「乏味」，飲者常常由「大醉」、「微醉」漸漸過渡到「不飲自醉」、「不飲不醉」，呵呵，這樣沒有度數和味道的酒，又

怎麼會讓飲者失了酒德呢？

　　況且瘋子都知道：別爬到山頂去／也別站在山腳／打從半高處看／這世界最美好／

　　　　想不到的是，在達到第七層樓臺後，神奪現象就消失了。偶或一遇，也只是偶或，並且這些神奪也沒有出神或神魂飛越的伴隨，而這在初期是平常的事，這些神恩不再像先前那樣頻繁地被激起。在那段時光，這只可憐的小蝴蝶，唯願一心一意地守著天主。現在呢，她再不好奇了，在主的住室內，有耶穌作伴，先前的脆弱是一點沒有了，一切都習以為常了。是祂賜給了這個受傷的小鹿，豐渥的水草。我的姊妹們，我不能再做深入分析了。現在，她在這個帳幕內的甜蜜的生活，彷彿是諾亞放出的小鴿子，看洪水退去，尋到了橄欖枝——這是說她最終在這個風浪滔天的洪水中，降落在了硬實的土地。吁，耶穌，但願我們認識蘊藏在《聖經》中的一切秘密，也使我們覺悟心靈的寧靜之道。

　　　　　　　　　　　　　　　　　　——St.Teresa of Avila（1515～1582）

飲譽世界的「冥想之鶯」還有一串兒優美雋永的「啼鳴」：

　　　　Have you seen a fish dissatisfied

　　　　With the ocean?

　　　　Have you seen an image

　　　　That tries to avoid the engraver?

　　　　Have you seen a word emptied of meaning?

　　　　You need no name.

　　　　You are the ocean.

　　　　I am held in your sway.

　　　　Fire in your presence

　　　　Turns to a rosebush.

　　　　When I am outside of you,

　　　　life is torment.

　　　　你見過一條魚不滿意海洋麼

　　　　你見過哪個雕像

　　　　試著躲避工匠

你見過有哪個字不含意義的

你不需要名字

你是海洋

我搖擺在你的搖擺中

火在你的面前

變成一叢玫瑰

而我在你的外面

將面對死亡

老子的卓越還在於，「出生入死」後的「穩」……

人掛了並不難，難的是，「死而不亡者壽」……

或新聞言之，「死者目前情緒穩定」……

用通俗的話表述一下，「飲酒不醉最為高」……

語境不能對接者，請繞行。

如同做人有人格一樣，修行人大多都是衝著得道成仙起修的，但是很少有人探索「仙格」的意義，或者我們造個詞叫「道者風範」更為通俗。

人類社會有社會約束和紀律，仙佛聖人也是有組織有紀律的，不要斷章取義啊，我是說，修行中的「自我約束」，否則那麼多的宗教「戒律」是做什麼用的？是保佑您的「真身」的！

雖然說修行的目的是為了「自由」為了「解脫」，但是，生而為人，命運注定，你可以無限地擺脫「人性」的困擾，卻不能絕對地超越「人性」的束縛！你能不呼吸嗎？你能不衰老嗎？你所有獲得的「自由」，都是大道「侷限」下的自由，就是「有限的自由」，是「民主」與「集中」的關係。所以，「識神退位」後，應該先關宗人府，而不是趕盡殺絕。

道自虛無生一氣之際，「他」揭竿而起，衝擊了「我」，然後，「吾喪我」。這時，世界觀發生了巨大的變化，具體到個人意識而言，就是呈現出：看山不是山看水不是水。然後，要經過重新認識世界，做「和光同塵」的工夫，建立新的世界觀：看山是山看水是水。不過這個階段，出現了很多禪宗的瘋癲漢，坡腳道士癩頭和尚，歷史在圍觀中還一直鼓掌，讓他們下不了臺，一值得在那裡裝瘋賣傻啊，不能收場。

所以，修行最為圓滿的，就是兩教的教祖了，即民主又集中，即自由又法制。

　　所以說，老子、釋迦牟尼、卡比爾，都表現出來了最好的道者風範，他們很好地領悟了和把握住了「民主」與「集中」的基本原則，把握住了「止於至善」的玄妙境界。

　　在那個位置，再往前走一步，就是「濟癲兒」。用現代術語說，就是「精神分裂」。而你的後天的修養、學識和見解，這些深入到「下意識」中的「條件反射」，就是「道者風範」的最底層的那些基石，你說它不重要嗎？所以呂祖說：「未有神仙不讀書」。六祖惠能雖然不識字，雖然是禪宗的正宗嫡傳，但老人家不瘋癲不招搖不怪異不另類，即，本性質樸，開竅以後表現出很好的自我約束，身為修行人，即不搞著述等身卻已名聞天下，呵呵，還有，武則天都請不起。

　　而那些稀奇古怪的「開悟」之舉，歷史總會讓他「裸奔」的。

　　有一個印度大神，在悟到了「不可道」之後，他就不再使用人類的語言了，閱讀他用手勢打出來的書時，實在不能卒讀，直覺就是像是一個比較彆腳的「行為藝術」。

　　還好，另一個大神，在給他這位老鄉把脈後，給出了令人信服的診斷和預後，但是他已經不能他開出藥方了：

　　　　我（奧修）那時正周遊印度，那位非常迷人的——美赫巴巴的一個貼身秘書，阿狄・伊瑞尼，在我訪問阿穆那嘎的時候，常來看我。這個地方是美赫巴巴過去呆的時間最多的地方。他在這裡也有一個住所，但是大多數時間他呆在阿穆那嘎。不管什麼時候我去阿穆那嘎，阿狄・伊瑞尼總會告訴我很多關於美赫巴巴的事情。他問我為什麼美赫巴巴不說話——對此他的門徒有很多猜測。

　　　　我說，「沒什麼好猜測的，他已經在沉默中太久了。他嘗試過，他做過努力——那就是為什麼他一直承諾三年後開口——但是那個機械已經失去作用了。我可以告訴你，」我告訴了阿狄・伊瑞尼，「他將永遠不再說話。不是因為他在說謊——他在奮力嘗試；他會一直嘗試到他最後一口氣——設法開口說話。但是如果你的說話的機能已經喪失了，你怎麼說話呢？」

　　　　阿狄・伊瑞尼說，「哇塞，我們沒有一個人曾經想到過這一點。但是很可能你是對的。」

　　　　這就是後來發生的，他一直沒有說話，直到他死他一直在承諾

開口說話，但是他無能為力。他一開始決定在三年時間裏不開口，但是那時他是那樣享受這個沉默，所以他又延續了三年的沉默。三年是一個期限，過了三年，如果你繼續，你的聲帶就開始失去作用。

如果不使用，任何機器，任何機械都會變成一堆垃圾。

「道在屎尿」，道不另類。

道即平常，它是自然。

修行就是從「走出自然」的狀態，返回到「自然狀態」，縱然那個「大宇宙」具有沉默無語的性格，它也不需要一個微不足道的「小宇宙」來代其表演。

如果你是闊人，在街上遇到一個窮人，你有必要拉著人家手說：「我是闊人，我比你有……」犯得著這樣去證明自己的非窮屄出身嗎？

如果你是教授，會在街上逢人就說：「我是那所著名的大學教授，才高八斗學富五車……」難道忘了你們都是闊人的打工仔了？忘了「百無一用是書生」的老話了？

真正的善境界就是離相，離相了自然就沒有了所謂的「聖解」。所以《楞嚴經》說不做聖解才是善境界，若做聖解即受群邪。這裡的聖解就是自己在陳述和展示自己的「與眾不同」、「聰明才情」、「高蹈獨行」等等、等等。

三國的范粲「不言者三十六年」，那是一種政治態度，表達的是不合作和無聲的抗議。而一齣齣的比較有喜慶感的神劇總是古今印度一帶居多。那是一個仍然活在「神話」中的國度：多少年沉默不語不洗澡不換衣不剪髮不放下舉起的手臂，或倒栽蔥、或掛在樹上、或不停地翻筋頭、或坐於火盆上……這種種陋習在佛陀時代就是這樣子的，幾千年花樣不帶翻新。佛陀本身就整了好幾年的苦行，而且已經講話了：「不是正道」。同時，上層出身的喬達摩婆婆媽媽地規勸大家要注意個人形象和禮儀。學佛人都知道的觀音菩薩懷裏那個玉淨瓶和裏面的柳枝吧，那就是古人的口杯和牙刷。

但是很少有人知道這個「道具」的另外一種用途，看《西遊記》第二十三回：

在「四聖試禪心」時，不能逃此劫難的是豬八戒，他是五行之水，若遇美女，便難以自拔，這是老毛病。行者之誤多是頑劣、逞能。他係五行之火，鎮元子的人參果樹一相遇著，焉能不壞？所謂「火生於木，禍發必剋」（《陰符經》）。能挽救這株性木慧根的，唯有觀音的淨瓶甘露水，行者請來相救，醫活了古木，對應著丹經中的一句話。我第一次看見這句話是大概十八九歲，正癡

迷著張三豐太極拳呢。在武當山上拜見朱誠德道長時，見到道觀上貼的一副對聯：忙求北海出潮水，灌濟南山老樹根。不知何意，但印象深刻。

比較二者，確實，南山比東山更貼切、「更合理」。

> 勸君保重一分陰，吾此先機在用心。
>
> 只是人生常運轉，何勞物外苦搜尋。
>
> 忙求北海初潮水，灌濟東山老樹根。
>
> 此個玄機重漏泄，彈琴需要遇知音。

──呂洞賓《指玄篇》

結果呢，佛教在它的本土滅亡了，一句話，習氣和民風所致啊。

馬克思博士說宗教會隨著科學的發展而消亡，以前我還信，現在也不信了。

我看到過一個被印度人民視為濕婆轉世的苦行僧，那一條胳膊跟枯藤一樣舉了三十多年。賣糕的，妻兒老小、榮譽地位，您把一切都放下了，怎麼就放不下那根「枯藤」呢？那是能舉出柴米油鹽？基礎建設？還是舉出世界和平來？

苦行僧們以忍受劇烈的痛苦，如絕食、自殘、服食毒素、在身上塗抹骨灰、躺在布滿釘子的床上、行走在火熱的木炭上、吃屎喝尿等。他們蓬頭垢面、衣衫襤褸，或僅以一縷遮羞。雖然不破壞社會秩序，也不勸化他人，這無可厚非。但是一個人，是一群人的代表，一群一群的人就組成民族、國家。一個社會到底是向上提升還是向下沉淪，就看閱讀能植根多深，一個國家誰在看書，看哪些書，就決定了這個國家的未來。一個國家盛行神學，這個國家的明天也就這樣了。

所以，單憑「舉手表決」就成了濕婆轉世，這就在一定程度上代表了印度的故去現在未來和它的文化淵源。印度文化影響過中國，但是中國不會因此而高看它；就像中國文化影響了日本，而日本不會因為這個而高看中國！在此之前它敬畏天朝是以為遍地都是蘇東坡、李白一樣的人物，當它發現是人的地方就有「左中右」、「上中下」的時候，就呲出了利牙露出了酸狗子臉。當今世界，一個國家民族想要別人高看，憑什麼？憑科學和素質。倒是我們也沒有必要笑話印度，雖然歷史上這個「國家」就是亂哄哄的，現在還沒有解決這個問題：命比紙薄，心比天高。但是，一個人口眾多、結構複雜的國度，通過一種傳統而自覺的「精神」完成對社會的有效「管理」而沒有出什麼太大的動盪而沒有

崩潰沒有出現難民潮波及我國，憑這個就應該很很地給贊：堅持你們的傳統吧，一百年不要放棄……

同時通過對比，再看我們自己的「家傳」、「家風」、「傳承」或曰「國學」，也真的是有太多的「可圈可點」。狹義而言吧，印度的「聖人範兒」跟我們這邊的不一樣，他們那邊的聖人喜歡折騰和開掛，只講「民主」，不說「集中」。天朝的聖人特點是安靜是優雅是中庸是和光同塵是和而不同，是泱泱大度。

《悟真篇》七律第十三，「謹守藥爐看火候，但安神息任天然」這一句講的就是「清靜無為」，就是「煉神還虛」。一樣的意思還有：

> 藥逢氣類方成象，道在希夷合自然。
> 一粒靈丹吞入腹，始知我命不由天。
>
> ——《悟真篇》七言絕句第六十

> 始於有作人難見，及至無為眾始知。
> 但識無為為要妙，誰知有作是根基。
>
> ——《悟真篇》七言絕句第六十三

> 天地才經否泰，朝昏好識屯蒙。
> 輻來湊轂永朝宗，妙在抽添運用。
> 得一萬般事畢，休分南北西東。
> 損之又損慎前功，命寶不宜輕弄。
>
> ——《悟真篇》西江月第八

> 原來只是這些兒，往往教人天下走。
>
> ——馬自然《金丹口訣》

> 絕學無為閒道人，不曾禮拜不看經。
> 不動遍周塵剎海，卓爾孤身混白雲。
>
> ——普庵《頌證道歌》

> 這些聖寵與神味，永遠不能以人力佔有。那麼你們會發問，如果我們不設法獲得，又如何獲致呢？不設法，就是最好的方法。
>
> ——St.Teresa of Avila（1515～1582）

> 在沒有信仰的國度看見上帝。
>
> ——St.John of the Cross（1542～1591）

> 我既不撥念珠，也不冥想祈禱。

我不去寺院和廟宇，也不向任何偶像頂禮。

在道上遛彎，我心滿意足了。

——Sachal Sarmast（1739～1829）

「神跡」只能夠是人所不知道的，或鮮為人見的顯現。

「神跡」，是另一世界的在這個世界的顯現。

——Gurdjieff（1866～1949）

簡注一下：「另一個世界」，在丹道用「先天」來表達；「這個世界」，在丹道用「後天」來表達。

如果一定要說老子是位修行家，而且《老子》還有功法「體系」，或者按氣功時代的說法，還分為幾部功法，那就在這了：「人法地地法天天法道道法自然。」

《老子》有「丹訣」嗎？「反者道之動」！

蚿曰「今予動吾天機，而不知其所以然。」所以，莊子是得老子真傳的。天機者，亦即明師也。

氣功師傅們有一個神秘說法，工夫做到了，自有高人相助——在這一層次，這句「讖語」就得解了——

這個「高人」——宗教哲學謂「他」，或「祂」。

所以佛說「惟我獨尊」。

我看著您，

您看著他

我迷惑了：

什麼，是這個謎的底兒——

您，我，他？

我不斷念道「您，您！」

最後，我變成了您，

沒有任何再屬於我。

當你我間無間隔時，

我的眼中——

只剩下了您。

當我和屬於我的，

在一剎間一起消溶時，
我從一切捆綁中脫身，
從我的祂那兒得到信心。
現在已無物為我而存，
我只服侍尊敬的您。

——Kabir（1398～1518）

浮世無百年，夢遊七十餘。
幻海渺洪波，彼岸無方隅。
一葦隨天風，飄飄任所如。
歷覽周八荒，險阻非一途。
神疲力已倦，削跡為遠圖。
煙霞結夢想，岩穴心久辜。
垂老方遂志，拂袖歸匡廬。
一超濁世緣，眾念悉已枯。
千峰抱幽壑，邈與人世殊。
七賢列雲中，五老頻招呼。
眉目時相對，嘯傲多歡娛。
明月有時來，一鏡懸空虛。
清光入蓬蓽，照我顏色舒。
白髮對青山，形影如冰壺。
頹然踞石床，日夜雙跏趺。
返觀未生前，本來一物無。
了知幻化緣，胡為有生拘。
從此脫紛糾，高登常樂都。

——憨山《歸匡山》

佛說「即汝便是。」

用數學語言來說更簡潔明確：我＝你＝他。

至道無難，唯嫌揀擇。如何是不揀擇？
天上天下，唯我獨尊。

——《趙州錄》

後面還有幾句：

僧云：「此猶是揀擇。」

州云：「田厙奴，什麼處是揀擇？」

「鄉巴佬，我哪裏揀擇了？！」

這和另一位同行，如出一轍：「老僧無舌，何曾勸人？」

丹派曰「元神主事。」

因為沒有老僧了，只有真人，佛說「無位真人」。

破了「我執」，就沒有老僧了。

在幕後指導你的藝人，名道名性名理（華嚴）名實相（天台）名勝義（唯識）名如來，又名諸佛──「同出而異名。」

屆時我咋辦？你做「傀儡」就是了，讓「造化弄人」……

《老子》分明有口訣啊：清靜無為。

> 我沒有什麼事可做，
>
> 也不必做任何事，
>
> 因為我什麼都不會。
>
> 但聽祂吩咐：
>
> 卡必爾、卡必爾。
>
> 尋找上帝，
>
> 就是熱戀的本質，
>
> 看看我！你會看到──
>
> 一個熱戀中的奴隸。
>
> 我是祂的一條狗，
>
> 「莫提」是我的名字。
>
> 我的頸栓著鏈子，
>
> 拉向哪裏，
>
> 就去哪裏。
>
> ──Kabir（1398～1518）
>
> 從生到死，
>
> 我一直在尋找本人，
>
> 卻沒有找到。
>
> 我不是他們說的某個偉大的哲學家，

我都不知道是誰，
站在我的鞋子裏面。

——Bulleh Shah（1680～1757）

2

I entered not knowing where

I entered not knowing where.
And I remained not knowing.
Beyond all science knowing.

I did not know where I entered,
But when I saw myself there,
Not knowing where I entered,
Many things I suddenly learned;
I will not say what these things were,
For I remained not knowing,
Beyond all science knowing.

It was peace, it was love,
It was the perfect knowledge,
In deep loneliness
I saw with wisdom;
It was a thing so secret
I was left babbling and trembling,
Beyond all science knowing.

I was so far beyond,
So lost and absorbed,
I lost all my senses
I was of all sensing dispossessed;
And my spirit was filled
With knowledge not knowing,
Beyond all science knowing.

Whoever truly reaches there,

To himself he is lost;

All he knew before

Now appears very base;

But his knowledge grows,

And he remains not knowing

Beyond all science knowing. …

This knowing by not knowing,

Is of such high power,

That the arguments of the wise

Are unable to grasp it;

For their knowledge does not explain

Not to know knowing,

Beyond all science knowing.

And this exalted wisdom

Is of such excellence,

That no faculty of science

Can hope to reach it;

But he who learns to conquer himself

With this knowledge of not knowing,

Will always go beyond all science knowing.

　　中世紀的基督徒聖十字若望（St. John of the Cross），在基督宗教歷史中無疑的是最重要的神秘主義驗證者之一。在靈魂對加爾默羅山的——神之所——攀升中或在與神合一之途中，這是若望描述他深入希夷之境、三摩地狀態的手稿，他的著作已譯成多國文字，比過去擁有更廣泛的讀者，包括基督教的各宗派、佛教和印度教人士。一起來欣賞：

我不知道，

我不知道，

我還是不知道，

這超越了所有的科學認識。

我不知道我進入的地方，

但是我看到了本人，

我不知道我進入的地方，
但是我看到了一切。
我不會說這些東西是什麼，
它超越所有的科學認識。

它是寧靜，它是愛，
它是完美的體現。
在最深的孤獨中，
我發現了它。
這是一個秘密，
我除了目瞪口呆，就是顫慄，
它超越所有的科學認識。

目前為止，
我所有的感官懸空，
無依，無靠。
那未知者，
充滿了我的心，
它超越了所有的科學認識。

你若親臨實地，
就知道曾經的孤陋寡聞。
儘管眼界大開，
我仍然一無所知，
它超越了所有的科學認識。

這個不可知的，
是最高真理嗎？
智慧者也無法說明；
因為他們的智慧有限。
這個不知道之道，
它超越了所有的科學認識。

這最高的智慧，
是獨一無二的，

它沒有老師；

它自己教自己，

不知道的知識，

它超越所有的科學認識。

在聖若望的詩歌中，他表示了驚訝、震動和不可說。

為什麼不可說呢？他的「道友」，尊敬的大德蘭嬤嬤試圖用一個比喻來加以解釋，非常有趣：

我打一個比喻，也許不正確，但是，也只能這樣比喻了。

你進入一個國王或當官的家中，看見了各式各樣的珠寶、玻璃，以及稀罕物，就像有一天我來到阿爾伯公爵夫人宮中的客廳，由於沒有見過的東西太多了，我出來後便全部忘掉了，幾乎一樣也記不起來。人們要我說說，而我似乎根本就沒有看過它們，我實在沒法說，因為它們僅僅是在一個隱約的回憶中。人靈在上帝賞賜的神味中，也是這樣。靈魂是與上帝密切地融為一體了，但上帝也不願她看到這內室的秘密。親近上帝的喜悅在她內產生了巨大的神樂，對她而言已經心滿意足。然而有時候上帝也會從神醉中提出她來，指示給她看室內所有。當她自己蘇醒之後，她能回憶起在默觀的這些神奇密境，但終歸不能解釋它們。

那麼，我們是否可以認為此境界來自想像呢？不，我不會這麼認為，這不是我們要討論的。我要說的乃是理智的（非想像的）神見，由於我們的無知及智力不達，而無法解釋，所以，如果我的解釋有一點點歪打正著了，也不應該歸功於我。

呵呵，大德蘭嬤嬤對「開闔展竅」和在「三摩地」中之恍兮惚兮的解讀，訓練有素的道學愛好者看了以後，下意識地，就在腦子中就會浮現起一句老子名言。

東西方的修行文化，都在試圖描述各自走過的「道」，由於視角的差異和語境的不同，甚至彼此而言，雖然行走在一條道上，卻也行同陌人。

西方的修行文化常常用靈魂、神修、神味、神樂和神婚等概念。

我們來研究一下靈魂（或靈性）吧。spirituality 是個合成詞，有「思想、人格、意志、理想、價值和意義居住的領域」（Rabbi Mordecai Kaplan），換成蘇非長老的話就是「What is the soul? Consciousness.」什麼是靈魂，意識。換

成丹派的語言就是「我」了、「神」了。

靈魂懷有某種渴望，渴望與某個比他的自我更大的東西相連接，也就是說，渴望一種非自我的力量，就是耶穌說的「我與父原為一」（約 10：30）。亦有這樣的文字：「神只有一位，就是萬有的父。祂超越萬有，貫徹萬有，並且在萬有之中」（弗 4：6）。這些話若換幾個字眼，實在是可以選丹派的「道」了、婆羅門的「梵」了，而且含義也相差無幾，這是人類修行文化的一個顯著的「共性」。但是一旦經過宗教之林，它們又成了「水火不容」和「口誅筆伐」，甚至「以死捍衛」、「以命相搏」。

在神秘體驗中，基督教神秘主義者不再將他或她自己視為主體，而會將自己視為祂的一個表現。他們感到神是唯一的真實，是一切，並且行一切。聖保羅到達了這一神聖化的境界，就失去了他的「自我」：「現在活著的，不再是我，而是基督活在我裏面！」（加2：20）。顯然，這個境界對應著紫陽真人的「饒他為主我為賓」、「嬰兒是一含真炁」。

> GOD AND I
>
> I walked with God, God walked with me,
> But which was God, and which was me?
> And thus I found, the Truth profound,
> I live in God, God lives with me.
>
> ——Anon.

> 神和我
>
> 我與神同行，神與我同行，
> 可哪個是神，哪個是我？
> 於是我發現了真理，
> 我中有祂，祂中有我。
>
> ——匿名

呵呵，這些從事內修的，尋找無形無相之「上帝」的修道士，一般都是「隱修」、匿名。

和丹派、佛教的「家家有」、「皆具佛性」一樣，他們還認為，這種神秘體驗向所有真誠並堅持不懈尋找它的人敞開，若望說：

> 神並未把神秘沉思的高級才能保留給某些特別的靈魂。相反，
> 祂希望所有人都能擁有它，卻發現只有很少的人允祂在他們身上行

那高貴的事。

十七世紀的法國勞倫斯弟兄（Brother Lawrence）向信徒保證：

> 敲門，堅持敲門，我保證祂會應聲的。

對於基督教神秘主義的實踐者，他們把這種秘驗分成三個階段：對於基督教神秘主義的實踐者，他們把這種秘驗分成三個階段：

> 第一，淨化。
>
> 第二，冥思。
>
> 第三，合一。

在一步功中，修道士做的是削弱、消除所有個人自我的結構（即「我執」），從而向真我（True Self）的體驗——神的體驗敞開。「淨化的本質是自我簡化」（Richard of St Victor）。在一個人的生命中，有些領域被小小的、自私的「小我」（egoself））所控制；修道士不斷找出這些領域，並將它們置於無私的「大我」（或神）——的控制之下。「問題在於，我們全是自我中心的，所以無論自我怎麼努力，都無法將自我從它本身行動的中心移開」（大主教威廉·坦普爾）。自我只能被拋出中心，我們必須拋棄阻礙我們靈性發展的一切（壞習慣、執念、癮，所有形式的自我執念或「精神牢獄」）。重心要從有我轉移到無我（諾爾曼·文森特·皮爾 Norman Vincent Peale）。

在二步功中，就是冥思了。在十四世紀英國基督教神秘主義的名作，《未知之雲》（In The Cloud of Unknowing）中，我們可以讀到：

> For in the beginning it is usual to feel nothing but a kind of darkness about your mind, or as it were, a cloud of unknowing. You will seem to know nothing and to feel nothing except a naked intent toward God in the depths of your being. Try as you might, this darkness and this cloud will remain between you and your God. You will feel frustrated, for your mind will be unable to grasp him, and your heart will not relish the delight of his love. But learn to be at home in this darkness. Return to it as often as you can, letting your spirit cry out to him whom you love. For if, in this life, you hope to feel and see God as he is in himself it must be within this darkness and this cloud.

我們把一段翻譯過來，道學愛好者，你實在是可以用「知白守黑」來理解的：

開始，常常是你感覺不到什麼，只是一片黑暗。或者，一團未知之雲。你似乎什麼都不知道，只有內心深處對祂的期待。在不斷地嘗試過程中，這黑雲仍漂浮在你和上帝之間。你會感到沮喪，因為你無法抓住他，你的心沒有感覺到來自他的愛。但是你要學習在這個黑暗中摸索，盡可能地深入黑暗中去摸索，讓你靈魂呼喚祂。因為，你今生期待觀見的上帝，祂就在這團雲中。

Yes, the Ultimate dwells in obscurity, hidden behind a cloud of unknowing, so that we cannot "see" or otherwise contact it using the intellect or the emotions. Only faith can break through. ("Darkness to the intellect/But sunshine to the heart." F W Faber.) We must "learn to be at home in this darkness". Why darkness? Because the things of this world are no longer visible, and we can't see them. It does not mean that "ultimate reality" itself is dark. in fact, we often refer to that ultimate reality as being Light, which, of course, it is. Tennyson wrote, "Power/Which makes the darkness and the light/And dwells not in the light alone."

是的。造物主的晦秘之居，隱藏在雲後。觀見祂，靠智慧和情緒是徒勞的，要有信心，我們必須「學會在這黑暗中感覺」。為什麼是黑暗呢？因為這個世界的本體就是不可見的，我們不能看到祂，這並不意味著「真理」本身是黑暗。事實上，我們通常說的上帝是光，當然，祂確實是。坦尼森（Tennyson）寫道：「力量／它創造黑暗與光明／它並非僅駐於光明。」

三步功，也就是最後階段，是人與神的結合，對應著中國的「天人合一」、印度的「人梵一如」。這是意識升高的或擴展的狀態，無法描述，無法言說，它確實超越了整個理性話語可能的表達範圍。聖十字若望的道友，十六世紀西班牙的聖女大德蘭（St Teresa of Avila）這樣說：

The soul becomes one with God. It is brought into this mansion of the empyrean Heaven which we must have in the depths of our souls; for it is clear that, since God dwells in them, He must have one of these mansions.

靈魂與神同行，被帶向蒼天之上最高的殿堂，這殿堂就在我們的靈魂深處，因為，很明顯，因為上帝與我同在，他必須有一個這樣的殿堂。

在基督教神秘體驗的第三階段，人與神的交融是直接的，無中介的。

修道士不再以單獨的個體存在,而與同一本身(Oneness Itself)同一。在這樣的體驗中,「上帝」不再是「另外」的東西,而是與我們分享著同一個本質的本體、一個希夷的境界、一個虛無:

> Into the soul's essence no speck can ever fall. Anything, however small, adhering to the soul, prevents your seeing me. We cannot see the visible except with the invisible. When all things are reduced to naught in you then ye shall see God. God is not seen except by blindness, not known except by ignorance, nor understood except by fools.
>
> In the soul's essence there is no activity, for the powers she works with emanate from the ground of being. Yet in that ground is the silent 'middle': here [in the ground is] nothing but rest and celebration. ... There is the silent 'middle,' for no creature ever entered there and no image, nor has the soul there either activity, or understanding, therefore she is not aware there of any image, whether of herself or of any other creature. ... When the soul comes to the nameless place, she takes her rest. There ... she rests.
>
> ──Meister Johannes Eckhart(1260～1327)

那個年代還沒有近代意義上的德國,只有隸屬於日耳曼部落的德意志人,姑且稱之為德意志哲學家吧,埃克哈特 60 歲時,在科隆任神學教授,被屬於方濟各會的大主教控為異端。教皇約翰二十二世在通諭中譴責埃克哈特的 28 個論點,其時後者已在兩年前死於阿維尼翁。埃克哈特的死很有禪意,有一個好奇的哲學系學生,也是他的門徒,問他:「師傅就要辭世了,有一個問題我不問明白的話,它會糾纏我一輩子。」

埃克哈特睜開了眼睛:「你說。」

弟子:「死後,你將去往什麼地方呢?」

埃克哈特:「哪兒也不去。」

你說,埃克哈特是幾個意思呢?

如果把這個基督教的公案,和蘇非長老的偈子做個對比,就有意思了:

> 不管你跑得有多快,
>
> 影子總是,
>
> 如影隨形。

只有正午的太陽，

才能使它消失。

——Rumi（1207～1273）

解釋一下魯米的詩，它寓意是：無念的當下，內在的主裏，那無名的、希夷之地，就是消業，就是歸宿，就是西天。

懷著唏噓敬仰的心，讓我們翻讀德意志哲學家的遺書吧：

純粹的靈魂，一塵不染。

先把心中的所有歸零，然後你才能見到祂。

除非盲人，神不可見。

除非無知，神不可知。

除非愚者，神不可喻。

純粹的靈魂，是祥和寧靜。

在這「中央」之地，只有安息和祝賀。

在這一片淨土上，沒有生物踏足，沒有形體，也沒有思想，和理解。因此它沒有發現任何「形而之下」的東西，無論是它自己的，還是其他的。

當靈魂到達那無名之地，它便止止了。

就在那裡……它安歇了……

3

《老子》第三十九章：高以下為基。

那麼，基督教中從事內修者，他們是如何「下手」呢？

祈禱和念經就是日常功課，對應著佛教的持咒、念佛。

相對於淨土宗做的那個「體系」，基督教的確實簡陋得多。

中國內丹學派對於「持咒」法門的興趣不大，它相當於佛教的密和止觀，出於不同的「世界觀」和「人生觀」，導致其更加重視色身的鍛鍊。

之所以以相當的篇幅、大把的時間來介紹這個基督教的密修之道，是讓同學們對流行與世界各地的修行文化的「共性」，有一個清晰的、整體的、俯視角度的認識，在這個基礎上，你就能更好地理解和接納我們自己的傳承，而不是淹沒在這個優秀傳承的「謎語」和「水深火熱」中。

祈禱與冥想，就是東正教靈修傳統要素，這個實踐起源於第四、第五世紀曠野隱修傳統，一直在東方教會中占重要地位。現代西方基督教教會內流行的

其他默觀祈禱方式，如歸心祈禱或麥殷默想，都是以此為依據的。

　　禱文的標準句子是：「主耶穌基督，天主子，可憐我！」或「耶穌，天主之子，可憐我罷！」（東正教中文譯為：耶穌，上帝之子，可憐我罷！）這句子可有多種不同的樣式，如省略其中「天主子」的稱呼，或在「可憐我」下面加上「罪人」一詞，或簡單地化成：「主耶穌，垂憐！」（Lord Jesus, have mercy!）這些不同的誦句都可以稱為耶穌禱文（Jesus Prayer），重要的是包含耶穌聖名，以及懺悔、求主垂憐的內容。

　　這些句子來自福音。路加福音記載，當耶穌路經耶里哥時，一個瞎子高聲呼喊說：「耶穌，達味之子！可憐我吧！」（路 18：38）路加同一章也記載法利塞人和稅吏上聖殿祈禱的比喻，稅吏遠遠地站著，低頭搥胸說：「天主！可憐我這個罪人吧！」（路 18：13）耶穌禱文的句子可說是這兩個短句的組合，表達了懺悔的心情和對主耶穌的信賴。耶穌禱文的句子雖出自福音，但耶穌禱文的真正起源是埃及曠野隱修傳統，這種祈禱方式從埃及曠野傳至西乃山的隱修院，繼而傳至希臘亞度斯山（Mt Athos）島上的隱修院，從希臘又傳入東歐國家，尤其在以拜占庭的繼承者自居的俄國，受到普遍採用。

　　上世紀在俄國出現了一本佚名作者的靈修作品《東正信徒朝聖記》（英文譯為 The Way of a Pilgrim），該書已譯成三十多種文字，是耶穌禱文流傳西方教會的重要媒介。那位朝聖者以自傳形式，描述自己如何急切尋求實踐「應不斷祈禱」的勸諭。他走遍了不少教堂，盼望能從當時知名的講道者聽到如何實行不斷祈禱的方法，但可惜未能如願以償。一天，偶然遇到一位隱修的長者，這位長者教他以誦念耶穌禱文的方法，學習不斷祈禱。於是朝聖者開始一邊走路，一邊誦念耶穌禱文，每天誦念的次數不斷增加，不但次數增加，誦念的深度也日益加深，由口裏誦念的經文漸漸變成發自內心的祈禱。

　　過了數月，一天早上，朝聖者醒來時，發覺竟是耶穌禱文喚醒了他。原來由於他日間整天誦念耶穌禱文，這誦句已漸漸在他心中扎根，甚至連夜裏睡覺時，心中也不知不覺地繼續誦念。那天清早醒來時，便是這在心中自動誦念的耶穌禱文喚醒了他。這表示耶穌禱文這時已由口中誦念的經文，變成了在心中不斷迴響的禱告；這禱文就好像心中的一條小溪，不斷潺潺流動。事實上，耶穌禱文已由一種個人主動或「自力的祈禱」，成了被動或「自發的祈禱」，甚至在睡覺時心中也繼續誦念。就如《雅歌》的新娘說：「我身雖睡，我心卻醒。」（歌 5：2）

　　類似這樣的意趣，在佛教淨土宗的經典中，有過之無不及。

　　耶穌禱文的目標更是為了達到「不斷祈禱」的理想，實行的人冀望日間在不同的場合，能隨時隨地誦念這短句。但為了達到這境界，必須每天以固定的時刻，專心地誦念耶穌禱文。中世紀時，希臘亞度斯山的隱修士曾定下繁複的規則，作為誦念耶穌禱文應循的方法。他們對於念耶穌禱文時坐的姿態、呼吸、運氣、凝神等都有詳細規定，與此對應的有，在中國丹派中就是調身、調息、調心。

　　綜上所述，基督教隱修的根源，在東方。就像奧林匹斯山的諸神，他們的老家多在埃及。

　　這些修道士也不斷地向東方參學，例如出生在俄國聞名在法國的亞美尼亞大佬 G.I.Gurdjieff（1866～1949），他曾在高加索地區廣泛遊歷，可以想見他首先來到庫爾德山腳並參加阿迪長老（Sheikh Adi）的雅薩維（Yesevi）托缽僧帖克（tekke，即蘇非聚落），然後在阿富汗地區的薩爾蒙兄弟會接受了各種啟蒙教導，那時他 22 歲。他身邊的人也稱他畢生都與隱秘的蘇非派堅持著聯繫並接受他們的贊助和支持。他確信自己是在他們的容許下在西方建立學校來流傳他在遊歷中習得的宇宙哲學和心理學。然而儘管遍歷中亞尋求智慧的閱歷對葛吉夫來說是信手拈來，但葛吉夫還是有意為他與托缽曾傳統親密接觸的細節蒙上一了層永恆的紗。這當然與蘇非教派一貫的寡言緘默相一致。葛吉夫，魅力超常的催眠師、地毯商、俄國密探，這位神秘不凡的人物是一個希臘─亞美尼亞裔遊吟詩人的兒子，他深深地為父親歌謠中逝去的遠古精神所散發的魅力著迷。這個孩子在 15 歲時就發誓要去尋找失蹤已久的古代智慧，為此他付出了大量的財力物力和精神，直到將近 30 年後他以神秘的姿勢帶著不可招架的魅力呈現。這位像達摩東傳一樣的人物，也把一種貌似秘傳基督教的「混合物」帶到了過去。散發著強大的吸引力、使命感和非凡的精神力量的葛吉夫帶著靈性發展計劃突然登陸西方舞臺，首次讓歐洲的精英們認識到了東方的「修道文化」。據葛吉夫說所有這些都與阿爾泰薩滿教和西藏及中國的有巨大聯繫。他如實地說這個「第四道」是在苦行、僧侶和瑜伽三條路的地基上開拓的，這個博雜廣大的密意知識經由大弟子鄔斯賓斯基以卓越的理性整理後而顯得條理分明。所以，我們在這個基於「控制低等自我」來「喚醒神聖當下」的修行體系中，看到大量脫胎於道家、佛教、蘇非密教、基督教的教義時，實在不須驚訝。

Do not fiddle all day, force yourself at least one hour a day to make an effort, otherwise you will loose everything. — you have to do it all your life.

不要整天瞎混，強迫自己每天至少一個小時的努力，否則你會失掉一切。──你要這樣做一輩子。

I dedicate four hours a day for this exercise, but when I was young, I spent on it two times longer.

我一天做這練習四個小時，但我在年輕的時，我花兩倍的時間在這上面。

這位曾經遊學許多古老密意知識（修道文化）流傳的埃及、印度、西藏、麥加、蘇丹、伊拉克的修道士，其前半生如同一闋隱謔的神諭，沒有人知曉他的真實來歷、修學背景。同樣身為導師，和釋迦牟尼的風格完全相反，葛吉夫展現嚴厲、無情的一面遠多於溫和、輕鬆的一面，他從不讚美弟子，相反的，他不斷找弟子麻煩，不斷設計情境讓弟子不舒服，以殘忍無情的說話方式鞭策弟子，所以有人甚至稱他「冷血聖人」。

由此我們也就若有所悟了，東方的真人，為什麼把自己的修證經驗，陳述得那麼晦澀，我們可以想像，這是多麼艱難的一項事業，原本，就不是讓人人為所欲為的、眾所周知的吧。

「五嶽尋仙不辭遠」，周遊列國、雲遊世界，之後，你才能更能瞭解你的國家、你的文化和你的祖傳。五四運動和改革開放，都是基於這個事實，修道文化也復如是。當你從遠方回家的時候，遊子才會真正得知道家園的意義，和那些隱藏在「陰陽」、「五行」、「八卦」之後的「密意」的──「普遍意義」。

Do not be overcurious nor waste time on things that attract your attention but are not worth it. Time is precious and should not be wasted on things which have no direct relation to your aim.

這段一段葛吉夫的話，坊間通行的譯文是：

不要過分好奇，也不要浪費時間在吸引你卻不值得付出注意力的事情。

時間寶貴，不應該浪費在和目標沒有直接關係的事情上面。

用我們祖傳的「經典」語言置換一下，似乎更有助於我們理解國學在域外的影響：

嗜欲深者天機淺，多知為敗。

道要玄微，天機深遠，下手速修猶太遲。

In order to do it is necessary to be.

為了做，必需存在。

這是臺灣信主的作家的譯文，這是幾個意思啊？「身體是革命的本錢」？

看《哈姆雷特》那段著名獨白的第一行：

To be, or not to be, that is the question!

通行的翻譯是：「生存還是死亡，這是個問題！」

檢索幾百年來在世界範圍內的莎學研究，這是被人討論得最多，歧解也最甚的一句，爭論長達數百年，論文、著述不計其數。雖說「譯無定本」，但是聯繫後文，諸家在 to be = to live，not to be = to die 是一致的。

但是，to be 是西方形而上學的出發點，古希臘哲學中的本體論範疇 being（古希臘語 to on）就是從 to be（古希臘語：eimi）發展來的。類似笛卡兒的名言「我思故我在」和海德格爾的「此在」裏的「在」義。

笛卡兒的句子在法語、拉丁語和英語中，分別是：

Je pense, donc je suis.

Cogito ergo sum.

I think, therefore I am.

其中 Suis、sum、am 均為表示「本體」的動詞：是、在、有。

在莎士比亞的句子中，to be 後面沒有表語或狀語，單獨成句，因此它表示本體的「恒存」、「實有」或「生」。雖然哈姆萊特從開幕時就已經身在艾爾西諾的宮廷中，並且直到劇終也沒有離開此地，但是在第一幕第二場中間接地介紹了哈姆萊特是由威登堡大學趕回來奔父喪的青衿學子，他好學深思尤其喜愛哲學這門學科，所以他那如此「學術化」和「學究氣」的獨白也就是自然的了。

「此在」（Dasein）是海德格爾在《存在與時間》中提出的哲學概念，並不是中文所本有的詞彙，它由兩部分組成：da（此時此地）和 sein（存在、是）。為表達 da 與 sein 本身的關係，有時也譯作「親在」、「緣在」等等，我們知道漢字是世界上最古老、最直觀、最具有哲學意味的文字之一。按照「習慣」我們拆開這個詞來看，《辭海》：

「此」，①這。與彼相對②這般；這樣。③乃；則。

「在」，①存在；生存。②居於；處於。③係於。④存問。⑤察；視。⑥表示動作的延續。⑦表示動作、性狀所涉及的處所、時間或範圍。

結合這一解釋可以看出「此在」的字面意義是指一種像這樣、這般存在或生存的狀態。譯者的用意明顯就在於突出「此在」作為一種存在者的在場狀態，即如此這般的存在著的狀態，就是「此在」的字源意義。

好了，夠了！不再咬文嚼字了，相當地燒腦。

無論你同意不同意或者明白不明白，to be 在這裡我譯為「當下」了。

這不是出自武斷，看葛吉夫的另外一句話：

The highest that a man can attain is to be able to do.

哦，他認為修行的「最高境界是能做。」

顯見，在這位老修行的語境中，「做」是「自主」是「由我不由天」的意思。

他又說「人不能做」，是什麼都不做嗎？

不是，這是道家的「為而弗恃，功成而不居」的另一種說法。

> 若無真意主之，則陰陽散亂，無由生人而成道。可見陰陽二炁之間，甚賴元神真意主持其中。
>
> ——《樂育堂語錄》

雖然我不想再消費精神、深入「研究」，但是感覺上，他受道家的影響是很深的。

老修行的意思是，對「機器人」（他眼中的「眾生」）而言，事情都是發生的，非人力所能。而修行人的最高成就呢，是「有能力做」＝「我命由我不由天」，可不可以這樣理解呢？

好了，再回到這一句：

In order to do it is necessary to be.

意譯一下：做在當下。

這樣譯是比較合適的，修行人還必須曉得一個自然之「道」，即，這個「做」在實際上，實在是「不做」的意思：

請老子講話就是「無為無不為。」

請莊子講話就是「無以人滅天」、「虛而待物者也。」

請岐伯與黃帝對話就是「恬淡虛無，真氣從之。」

讓「赤蓮真人」說就是「身心無為而神氣自然有所為，猶天地無為萬物自然化育。」

讓紫陽真人說就是「饒他為主我為賓。」

讓黃元吉先生來說就是「元神主事，識神退聽。」

> 修煉必先凝神於虛，合炁於漠，此身此心渾無一物。忽然一覺而動，以我之元神化為真意主宰於二炁之迴旋，而後二炁之實仍不外太極之虛。

> ——《樂育堂語錄》

在實修中，用「應」字來做注，實在是最妥當的。

即扈從即順其即「守其雌」即「接招」即以（陰之）柔克（化）剛（陽之炁）。

不知道我說明白了沒有。但是在天國花園漫步的大德蘭孅孅看了，她一定點頭的：

> 沒有上主的引導，人什麼也不能夠做。

> 如果不是天主守城，人力是徒勞的，因為我們都是弱者。

> 在我說「人什麼也不能夠做」這句話時，我想起了你們聽到過的，就是在雅歌中新婦說的話：「國王將我領進他的小屋。」她並沒有說是她自己去的。她還說她「到處尋找她親愛的人兒」。所以說這種結合，它是上帝的意思，在什麼時候，以及如何做，雖然我們用盡心機，我們也無法自己進去，是至尊自己引導我們，並置我們於聖殿的中心。

接著，可敬的孅孅還附帶了自己的、有趣的見解：

> 上帝為了更好地表現他的萬能，他免去了要我們合作的勞動，除了完全之外，我們什麼也不必做，他也不要我們打開感官之門，因為它們都已睡眠了。他進入我們的靈魂中心，並不經過任何門口。

同時，做在當下，這還是很有微言大義的一句話。

用蘇格拉底的話就是「做即存在」；用佛陀的話就是「活在當下」。

即當下是一個圓滿的境界，天人合一而呈現和平之象，吾人真心與生命以及它顯化的狀態融匯，即，與隱藏在你最深處的未顯化的生命，也就是「本體」融匯了。

從修行文化的意義上講，當下即「如來」、「本來」，對應著丹派的「玄竅」、「氣穴」——這個「上層建築」，就是修行人最終的「歸宿」，就是王害風的「活死人墓」，就是弘一法師的「天心月圓」。道曰「壺中天地」釋謂「西天」、「淨土」，兩教同築「兜率宮」。

讀弘一法師的文字，婉約而優美：

若問我將歸於何處，怎麼說呢？

看春滿花開，皓月當空

那一片寂靜之地，就是吧。

　　　　君子之交，其淡如水。

　　　　執象而求，咫尺千里。

　　　　問余何適，廓爾忘言。

　　　　花枝春滿，天心月圓。

讓王害風說話：列遠，額的歸宿本來就是一座「古墓」麼。

但是你把他的三十首古墓詩中的緊要的句子揀出來讀一下，味道就不「寡」了，真是嬝扎咧：

　　　　墓中睡足偏瀟灑

　　　　墓中自在如吾意

　　　　墓中獨死真嘉話

　　　　墓中日服真丹藥

　　　　墓中閒寂真虛靜

　　　　墓中這個真消息

　　　　墓中觀透真如理

　　　　墓中有個真童子

　　　　墓中當有真空景

　　　　墓中境界真家計

　　　　……

這說的是「古墓」嗎？簡直是在描述人間樂土。

王重陽與全真七子，都是很有故事的人，但是「古墓派」實由金庸創建。

在《神雕俠侶》中，王重陽修建的「活死人墓」，房間不少，機關重重，是何等的上檔次大逼格。實際情況，我想就是一個北方農村「紅薯窖「的大小吧。在鄉人的眼中，祖師分明就是一個無家可歸的「瘋子」麼，「產業賣得三分錢，兩分吃著一酒課。」

正隆四年（1159 年）六月，王重陽甘河遇高人。

「直待正純陽，方稱重陽子。」祖師此後即自視為鍾離權（正陽子）、呂洞賓（純陽子）的一脈嫡傳，謂其所創「全真者」，「乃純正之家風，是重陽之

活計。」

　　第一件事,他攜幼女(續編重陽傳作次女)送姻家(女兒未來的婆家)曰:「他家人口,我與養大。」弗議婚禮,留之而去。一首《西江月》就是祖師的當時心境:

　　　　王喆心懷好道,害風意要離家。

　　　　攀緣悉去似團砂,不怕妻兒咒罵。

　　這是真心大,還好他沒有把閨女扔了。

　　第二件事是,「忽一日,自穿一墓,築冢高數尺,上掛一方牌,寫『王公靈位』」。

　　重陽祖師穴居在墓穴裏自稱「活死人」,無非兩個意思:

　　1. 寓意國破家亡,心死了。

　　2. 寓意閉關修行,身也死那兒了。

　　割斷家緣為修道的第一條件,這是祖師的世界觀,確實深受佛教的影響:

　　「出家修道易為,如海中泛舟;在家修道實難,如陸地行船。」(《法苑珠林》)

　　日後,祖師點化馬丹陽時,也如出一轍,也是從「分梨」開始的。

　　　　一日重陽真人招先生而誨之曰:子知學道之要乎?要在於遠離
　　　　鄉而已。遠離鄉則無所係,無所係則心不亂,心不亂則欲不生,無
　　　　欲欲之是無為也,無為為之是清靜也。以是而求道,何道之不達?
　　　　以是而望仙,何仙之不為?今子之居是邦也,私故擾擾,不能息於
　　　　慮;男女嗷嗷,不能絕於聽;紛華種種,不能掩於視;吾懼終奪子
　　　　之志而無益於吾之道也,子其計之。

　　　　　　　　　　　　　　　　　　　　──《重陽教化集》劉愚之序

　　祖師在墓中「獨居止二年餘,忽然卻填了。」

　　「相違地肺成歡樂,撞入南京便得真。」他覺得,弘揚的機緣到了。

　　走遍膠東半島,然後折回汴梁(南京),全真道在「打出去」和「打回來」這一路迂迴中,它發展壯大的過程裏,滿滿的都是故事都是傳奇。

　　我更願意相信祖師「穿墓」是個象徵故事。

　　畢竟,這種「實踐」和「經驗」,或者說這種行為語言,抄襲自數不盡的禪宗公案。祖師自個說了,「自埋四假便為因」、「五蘊都歸塵下塵」、「墓中觀透真如理」、「三界超昇靈物在」、「善果良因間有因」,以及「世上輪迴等等人」

等等、等等。

「學我者生，像我者死」。生硬地傚仿大師，從某種意義上說，對修行人真的是毫無啟發和意義的。或者說吧，是一種摧殘！記得曾經看過一個旅行片，其中一段是，主持人採訪了一個在喜馬拉雅山裏刨了個洞在裏面「修行」了近十年的「小夥兒」。從觀感而言，覺得這個人以後除了做「活佛」，若有心向其他方向從業、發展就不要說了。或者說吧，生活能否自理都是個問題。

也不知他現在過得好不好，像個孩子似的神情忘不掉。

所以紫柏「不以釋迦壓孔老，不以內典廢子史，於佛法中不以宗壓教，不以性廢相，不以賢首廢天台。」

所以紫柏以《過活埋庵》為題一連寫了十首，予以奚落和挖苦，批評得很是得體。其中，第五首是精品，第九首泄「天機」：

> 山林清淨本無塵，那得泥灰埋此身。
> 莫如老死娘胎裏，省卻寰中觸惱人。
>
> 試看父母未生前，可有形骸倚樹邊。
> 自是堂頭無出豁，腥臊炙地更薰天。
>
> 髑髏究竟本來空，空可埋藏空有蹤。
> 未審吾師作何見，無端捕形與關風。
>
> 逼塞虛空不厭高，何須掘土葬山腰。
> 應知世眼無多大，肯把皮囊飼爾曹。
>
> 大患從來為有身，不如埋卻免生塵。
> 青山白石為棺槨，作個閒中活死人。
>
> 生死何曾是兩條，活埋未必掩腥臊。
> 從教逼塞虛空去，萬戶千門處處高。
>
> 鼻孔撩天不可藏，被人牽拽轉慌忙。
> 何如未死先埋卻，也勝林梢掛角羊。
>
> 埋身未必勝埋心，直下無生絕古今。
> 巖穀市朝皆大隱，吾師何事遁雲深。
>
> 埋身何必在青山，但自無心萬境閒。
> 怪底老禪太多事，白雲深處立重關。

　　自古名高累不輕，飲牛終是上流清。

　　吾師未死先埋卻，又向巢由頂上行。

　　「當下」經過「譯場」成為佛教用語後，在佛經裏面成了最小的時間單位，1分鐘有60秒，1秒鐘60個剎那，一剎那有60個當下。道謂「一點」。

　　佛教說的「當下就是永恆」。人們或詩人常常誤解為：人能活著和感覺到的只有當下，把握美好的日子吧，盡情享受每一時刻。

　　和「活在當下」可以做對偶的一句是「死得其所」，即前一命題已經包含了後一命題。死亡與復活，就是在「當下」轉換的：

　　紫陽真人有一句「須將死戶為生戶，莫將生門為死門。」顯然是脫化自「漢鍾離」的「生我之門死我戶，幾個惺惺幾個悟？」更遙遙地溯源，就到了老子的「谷神不死，是謂玄牝」了。

　　前面講過的那個基督教的公案，它的禪意就在「這兒」：

　　弟子猶豫地問：「我知道師傅您快要昇天了，但是有一個問題不問明白，它會纏我一生的。」

　　「密契主義」者睜開了眼睛：「你說。」

　　弟子加大了一些聲音：「死後，你將去往什麼地方呢？」

　　埃克哈特不耐煩地嘟囔了一聲：「哪兒也不去。」

　　然後，新教哲學和德國古典哲學真正的祖師爺閉上了眼睛，就死在「當下」了。

　　不離當處常湛然，神光也不往西天。

　　德山話墮龍潭笑，忍氣吞聲更不言。

　　　　　　　　　　　　　　　——普庵《頌證道歌》

回到葛吉夫和他的「第四道」。

以下皆如此例，先給出英文，再給出通行的譯文，然後再附以「吾說」：

　　For most people, even for educated and thinking people, the chief obstacle in the way of acquiring self-consciousness consists in the fact that they think they possess it.

　　對大多數的人，甚至是有教養與擅長思考的人，在獲得自我意識的道路上，主要的障礙在於他們認為他們擁有自我意識。

識神主事，即生活；

元神主事，即修行。

You should forget about morality. Conversations about morality are simply empty talk. Your aim is inner morality.

　　你應該把道德忘掉，談論道德都只是空談，你的目標是內在的道德。

上德不德，是以有德。

多言數窮，不如守中。

The worse the conditions of life, the greater the possibility for productive work, provided you work consciously.

　　生活環境越糟，工作的效果越大，如果你有意識地工作的話。

苦是菩提路。

Every person you see, including yourself, is shit. You learn this and then when you find something good in such shit people—some possibility not to be shit—you will have two things: you will feel good inside when you learn this person better than you think, and you will also have made proper observation. Just so, when you can observe self, if you already think self is all shit then when see something good in self will be able to recognize at once and will also feel joy. Important that you think about this.

　　你所見到的每一個人，包括你自己，都是狗屎。你知道這點，然後當你發現這種狗屎人裏面竟然有某種好東西──不再是狗屎的可能性──你將有兩件事：當你發現這個人比你所想的還要好，你裏面將感覺寬慰，你也會做出適當的觀察。正是如此，當你能夠觀察自己，如果你已經認為自己全是狗屎，那麼當你看見自己裏面有些好東西時，將能夠立刻辨認出來，也會感覺到喜悅。想想這些很重要。

道在屎尿。

The crowd neither wants nor seeks knowledge, and the leaders of the crowd, in their own interests, try to strengthen its fear and dislike of everything new and unknown. The slavery in which mankind lives is based upon this fear.

百姓不需要知識也不探索知識，而領導者出於自身利益、統治的目的，拼命強化對於每一件新的和未知事物的喜好與厭惡，人類的奴性就是基於這個來的。

大佬這套話遠遠不及老子說得漂亮：

> 天下皆知美之為美，斯惡矣；皆知善之為善，斯不善矣。故有無相生，難易相成，長短相形，高下相傾，音聲相和，前後相隨。是以聖人處無為之事，行不言之教，萬物作焉而不辭，生而不有，為而不恃，功成而不居。

> Without self-knowledge, man cannot be free, he cannot govern himself and he will always remain a slave. This is why in all ancient teachings the first demand at the beginning of the way to liberation was: "Know thyself."

> 沒有自我知識，人就無法自由，他無法主宰自己而且永遠是個奴隸。這就是為什麼所有的古老教學中，在通往解脫之路的開端總是要求：「認識你自己。」

自知者明。

> Do not be affected by externals. In themselves they are harmless; it is we who allow ourselves to be hurt by them.

> 不要被外面的事物影響，它們本身是無害的；是我們自己允許被它們傷害的。

識神傷丹。

> All mechanical habits, tastes and weaknesses fight against self-remembering in man.

> 人心中所有機械性的習慣、嗜好和人性弱點，都在對抗記得自己（「元神」）。

斷除習氣。

最後，我們在咀嚼一句聖人的格言「徹底的痛苦，產生徹底的覺悟」時，並聆聽一個流傳於西方的、「道法自然」的故事：

> 葛吉夫：「一棵橡樹有多少顆橡樹子？」

> 佛利茲：「我想有幾千顆。」

　　葛吉夫：「有多少顆橡樹子會長成橡樹？」

　　佛利茲：「我想只有五六顆會長成樹。」

　　葛吉夫：「也許只有一顆，也許甚至一顆都不會。我們必須向大自然學習。人也是有機體。大自然製造了很多橡樹子，但只有幾顆可能變成樹。人也一樣——很多人誕生了，但只有少數人成長。人們認為這是浪費，認為大自然浪費。並非如此。其餘的都變成肥料，回歸到土地中，創造可能性，產生更多的橡樹子，更多的人，偶而產生更多的樹——更多真正的人。大自然總是給予，但只給予可能性。如果要成為橡樹或真正的人，就必須努力。沒有什麼是上帝所賜予，只有大自然才賜予。大自然只是賜予靈魂的可能性，不是賜予靈魂。人必須經由修煉而獲得靈魂。」

　　　　　　　　　　——佛利茲·彼德斯《跟偉人度過的童年時光》

　　只有世外高人方有如此洞見：靈魂，只是一種潛在的可能性，在它經過高度的「結晶」之前：

　　　　所有你看到的人，所有你認識的人，以及所有你將認識的人，全都是機器，完全由外在操控的機器人，從生到死。

十八、玄牝之門世罕知
只將口鼻妄施為

1

契論經歌講至真，不將火候著於文。
要知口訣通玄處，須共神仙仔細論。

——《悟真篇》七言絕句第二十八

要得穀神長不死，須憑玄牝立根基。
真精即返黃金室，一顆靈光永不離。

——《悟真篇》絕句第三十九

玄牝之門世罕知，只將口鼻妄施為。
饒君吐納經千載，爭得金烏搦兔兒。

——《悟真篇》七言絕句第四十

要知夫身中一竅，名曰玄牝。此竅者，非心非腎，非口非鼻，非脾非胃，非谷道，非膀胱，非丹田，非泥丸。能知此一竅，則冬至在此矣！藥物在此矣！火候亦在此矣！沐浴亦在此矣！結丹亦在此矣！脫體亦在此矣！

——《金丹四百字》

日裏不可道人，夜裏不可說鬼。
無量劫來成道，一時都在這裡。

——普庵《頌古九十八首》

精通三教越禪機，語默同風和者希。

匝地周天居土眼，原來只在一毫釐。

——普庵《與廖維高》

簡注：

道人，與人說；

說鬼，道於鬼。

經云：道法三千六百門，人人各執一苗根。要知些子元關竅，不在三千六百門。

特以此竅，乃至元至妙之關口，生死在此分，聖凡在此別，為古今來祖祖相傳之秘密，非等閒猜量而知。後世學人不遇真師，或認口鼻，或認眉間，或認囟門，或認百會，或認咽喉，或認夾脊，或認尾閭，或認心竅，或認黃庭，或認丹田關元氣海。凡此等類，皆非元關一竅。

夫元關者，無形無象，豈有定位？不色不空，焉有方所？

若以方所定位目之，則為有形有象之物，即不得名為元關矣。

蓋此竅不著於幻身，亦不離乎幻身。不著幻身者，非一切有形之物；不離乎幻身者，非可於身外求也。

即非身外物，又非身內物，則必有不內不外者存，是特有天機焉。所以古人不敢筆之於書，而又不敢秘而不言。喻之曰：生殺舍、元牝門、龍虎壇、龜蛇竅、戊巳門、生死關、刑德門、陰陽戶、眾妙門、希夷府、仙佛地、性命竅、元神室、虛無穴、威音國，等等異名，無非明此一竅。

紫陽云：此竅非凡竅，乾坤共合成；名為神氣穴，內有坎離精。此語天機大露，其如人不能識，何哉？

今不惜兩片皮，重為祖師傳神寫影，發其所未發，泄其所未泄，以神會之，以意契之，而告同人曰：

此竅樣如蓬壺，外小而內大，深不可測；

非圓非方，黑白相符，幽明相通；

其門高五丈，闊四尺，有門兩扇，一開一闔；

左有青龍蟠，右有白虎臥，上有朱雀飛，下有烏龜伏；

恍兮惚兮，杳兮冥兮，其中有真人居焉，名曰谷神，號曰長生

壽者；

日食黍米粥，夜飲鴻蒙酒，有時唱清平，有時緊閉口，一呼則竅門開，一吸則竅門閉。

故經云：谷神不死，是謂元牝；元牝之門，是謂天地根。乃生天生地生人之孔竅，成聖成佛成仙之家鄉。

安爐立鼎在此，採藥烹煉在此，結丹在此，脫丹在此，有為在此，無為在此，始終功用總在此。

但此竅在四大不著之處，在寂寥虛無之境。有意求之不可，無心守之不得。

修行人須要將此一竅，先當追求，真知灼見，方可下手採取天寶。

若不知此竅，縱辛勤千般，勞苦萬狀，終無進益處。

學者可不自勉自力，盡心窮理哉？

吾今與你指出：要知此竅，在六根不著之地，五行不到之處，恍兮惚兮，其中有竅；杳兮冥兮，其內有門，自開自闔，呼之則應，敲之則靈，明明朗朗，現現成成，迷之則遠隔千里，悟之則近在當前。噫！神而明之，存乎其人，非下數十年窮理工夫，不能見此。

——《修真辯難》

有一座移動的宮殿飄浮在空中，上面有陽臺和清泉，無限的風光，盡在其中。

研究這所聖殿的人雖然不少，但是登堂入室的卻是不多。

請仔細觀察這座環宇吧，如同我說過的，它有許多房間，在一切房間正中的，那乃是聖殿。在這裡，上帝與人心之間，發生了一些很秘密的事件，你們該好好注意這個比喻。

但那裡不是你們幻想的宮宇連苑、延綿不斷……。在殿的中央是國王的玉闕，猶如棕櫚果實被外皮包裹著。說及靈魂，修道士應當從另外一個視角上去看，就像這所宮殿，全部都被籠罩在來自那玉闕的太陽光中。

修道士你們要知道如何如進去才是，不要認為我這是在說瘋話。有許多靈魂，一生徘徊遊走在這聖殿的外面，因此在這富麗堂皇的大殿內的奧妙，比如誰是主宰，或有何物，概莫能知。平時你們一

定讀過論祈禱的書，勸人們進入自己的靈魂，我這裡所講的就是這個意思。

哦，上帝，您的偉大何其偉大無垠！而我們卻懵然無知如稚子，因為我們連自己心中的秘密都一無所知，我說的我們的無知，是和您無限的神跡相比。上帝，您使我們懂得的您的萬能是不可思議的。

——St.Teresa of Avila（1515～1582）

我身入混沌，
這裡一團混沌。
它遠遠超過所有的科學。
我沒有發現門，
但我發現了路，
我不知道這是什麼地方。
我看到了一切，
但我無法言說，
因為我站在一無所知處，
它遠遠超過所有的科學。
那是神聖與寧靜
的完美所在。
在孤獨的深中，
我發現了通向混沌的路，
除了目瞪口呆外，我不知所措，
它遠遠超過所有的科學。

在一個角落，
面對面，
一切逝矣，
呆在那裡，
赤裸裸。
在百合花叢中，
一絲不掛。

——St.John of the Cross（1542～1591）

不識廬山真面目，只緣身在此山中。

　　暫且把中國真人的丹經、基督徒的偈子合上，讓我們捧誦一番印度古魯的
醒世箴言：

　　　　游說你的心，

　　　　向它佈道。

　　　　假如它你能駕馭自如，

　　　　那麼整個世界將與您合轍。

　　　　當靈魂之視覺進入聽覺，

　　　　而聽覺失去了它的底座，

　　　　即，二者合一時，

　　　　那獅子看守的大門，就開了！

　　　　我遇到一位真古魯，

　　　　祂的慈悲賜福，

　　　　使解脫之門大開，

　　　　我輕易而過。

　　　　這真古魯——

　　　　靈性戰士，

　　　　用箭射我。

　　　　我應聲倒地，

　　　　心上，留下了一個洞。

　　　　池水滿到溢出，

　　　　但是無人來飲，

　　　　因殊勝的因緣，

　　　　你找到了水池。

　　　　哦！卡必爾，

　　　　飲得心滿意足。

　　　　蓮花盛開，

　　　　在宇宙的中心。

　　　　只有少數淳樸的靈魂才能看到。

　　　　卡比爾說：在那裡智者不言。

　　　　此情此景在《吠陀》裏也不記載。

示現奇蹟的神通，我不求；
我求您恩准，上主啊！
讓我日夜都能陪在您的僧團裏。

我與靈魂耳語，
你要穿越的河流，人跡罕至。
在它的岸上，你看不到道路、行人，和客棧。
其實那裡沒有水，沒有船，也沒有艄公；
沒有纖繩，更沒有拉船的縴夫。
沒有陸地，沒有天空，沒有時間，沒有對岸，和岸邊的淺灘。
在那裡，也沒有身體和腦袋，無我也無你。
你還相信那裡能讓你的心靈歇腳嗎？
在那大缺失裏，一無所有。
這穿越世界的海洋，深不可測，難以逾越。
屆時，唯有堅強，
因為只有在那裡，你才能牢牢立足。
好好想想，不要幻想他鄉。
丟開一切幻想，牢牢站在你所在的地方。
它遠勝他鄉，就像蓮花，
根植於水，花瓣開在水的上面。
聽我說，求道者
能抵達大海盡頭者，少之又少。

呵呵，「整個世界」、「獅子看守的大門」、「心上留下洞」、「水池」、「盛開的蓮花」、「您的僧團」、「我的心兒」，卡比爾的種種寓言，都一樣得像《老子》對「眾妙之門」、「玄牝」、「谷神」、「橐籥」那樣，令他終生難忘。如果您還沒有聽懂，說明糊塗得還不夠還不徹底，那請聆聽聖人繼續佈道，走向糊塗的深處：

我獨異於人，而貴食母。

——老子

我聽說過著名人物，
我聽說過不同城市，
我聽說過許多寺廟、清真寺和聖人，

我聽說過人們所能談論的一切，

我看到過人們想要得到的一切，

但我的塵趣已經消退。

不是出於沮喪，

我曾是池中之魚，

河泥是我的食物，

但如今

天上的乳房將我喂哺。

　　　　　　　　——Rabia al Adawiyya（714～801）

那時所羅門返回耶路撒冷，

一千盞燈亮起。

神聖的榮耀落定

在一處山谷。

君臨天下的光之源，

夏姆斯，它住在這裡，

就在我身中，一個不能確定的位置。

　　　　　　　　——Rumi（1207～1273）

吾人身內有一個天機，

銀河系的眾星球，

像珠子般串在他手上。

那得以慧目，

才能見得。

哦！卡比爾不吐狂言。

無人知道一秒鐘裏的

最後四分之一秒時，

發生了什麼：

一滴水，融進大海中，

每個人都明白；

但當整個大海，注入一滴水時，

卻罕有人知！

我頭上的眼睛失明了，

心智的眼睛也失明了。

哦！四隻眼睛都已然失明，

我究竟看到了什麼？

樹巔有一隻鳥，

它在樹巔舞蹈。

無人知曉這隻鳥，也沒人聽懂它的歌。

它在枝葉綿密處築巢，它在黃昏時出現而在黎明時消失，

它那裡的時間沒有開始，也就沒有結束。

它不顯示行蹤，所以沒有人知曉這隻唱歌的鳥。

與其說它沒有顏色，它也不是沒有顏色，

只是沒有任何人發現到它的來，或去。

你啊，兄弟，是個探索者，來我告訴你，這整件事極為神秘。

去告訴所有的聰明人，去發現這隻鳥在哪裏過夜，

是一件非常玄妙的事。

有一管時光之笛，嫋嫋不絕，

無論你是否知覺。

所謂上主的意志，就在其中。

乘著聖音的翅膀飛翔，

你將獲得大智慧，還有真知的芳香。

穿過厚殼、重牆。

屆時你將發現，在造物的旋律中，

有種玄妙的結構：

恒星輝耀、日月合璧。

問道的人請想想，吾乃從何處，

耳聞天籟？

──Kabir（1398～1518）

室內千燈晃，佛有何形狀。

如淨琉璃中，內現真金相。

──普庵《金剛隨機無盡頌·一體同觀分第十八》

瞭解一切，意味著覺醒。要瞭解一切，先需要瞭解一點。但要瞭解那很少的一點，又必須瞭解很多。（在葛吉夫的語境中，「很少

的一點」，也是他「第四道」的「諸中心」，對應著佛教的「本來」、丹派的「玄竅」、瑜伽的「脈輪」。）

——Gurdjieff（1866～1949）

你們要進窄門。因為引到滅亡，那門是寬的，路是大的，進去的人也多；引到永生，那門是窄的，路是小的，找著的人也少。

——《聖經·新約馬太福音》第 7 章 13～14 節

七十年代風靡歐美的 Osho，曾以演講和專著傾訴了他對卡比爾的敬仰：

我邀請你們和我一同進入這個瘋子卡比爾最內在的領域。是的，他是一個瘋子——所有宗教性的人們都是瘋子，因為他們不信任理智。

卡比兒和莎士比亞的詩有何不同呢？就詩本身而言，莎士比亞的詩遠比卡比兒的詩更具詩意。卡比兒對藝術一無所知。莎士比亞是高度修飾的；但依然是，單單卡比兒的一句詩就遠比莎士比亞所有作品的集合更有價值——因為從卡比兒那裡出來的每一個字，都是來自他的洞見，而非幻想。

奧修在講解卡比爾的詩歌時，他連帶著說了一個父與子的故事：

卡比兒入道之初，寫了首美麗的詩：

噢，朋友們，

我曾經去尋找，

尋找我自己。

奇怪的事發生了，

不是找到我自己，

而是我消失了，

就如一滴水滴融入大海。

卡比兒死前，叫來他的兒子交代：「在我離開之前，你幫我修正我的詩。水滴融於海洋。你只需要把它反過來，大海注入水滴。因為現在我已從那邊知道了。」

兒說：「我很早開始就懷疑爹這段話，這是一個初級者的聲明，一個剛進入先天境界的聲明。當他渾化後變成無物時，這聲明絕對是錯的。所以現在你必須醒過來，在你死之前，我很高興你不再只是個初級者，你已變成整體的一部分了。」

　　一個兒子對著即將圓寂的大圓滿者——一位聖人、他的父親，滿懷真誠地告知他老爹由初級水平晉級了，這難免有點兒搞笑的味道。

　　父子之間都有這麼一種情結，兒子在年輕時候，在面對世界走向世界要擺脫「父親意志」的時候，常常有種錯覺，父親很一般很平常。但是，人到中年，就會逐漸覺悟，父親怎麼會是「常人」呢？那平凡之中的偉大犧牲、奉獻和寬容，只有在父親離開你的時候，全部的酸痛就會如溪流蜿蜒，在寂靜的夜晚、無念的心中⋯⋯

　　噢，看那個有前科，有情婦，有諸多不良癖好的革命家牛虻吧，是六零後心目中的第一位「叛逆」導師。他不是那個時代的影視上的傳統意義上的革命者，從亞瑟砸碎神龕裏的塑像開始，便是愛恨交織的故事。深愛著他的吉普賽少女綺達都看透了：「你不愛我，你誰都不愛，你只愛那個神父。」他以一種孩童般的幼稚在愛著，他想讓他簡明扼要地告訴他他對他有多重要，他想讓老爹大聲說出來：你比我一生的信仰還重要！在獄中逼迫一個虔誠的老主教「你是要上帝還是要我」的那場戲，對自己和老爹都未免也太殘忍了吧，多少年以後再看這個片子還是落下淚水，他對老爹愛太深佔有欲太強，分明是在吃上帝的老陳醋啊。

　　卡比爾父子的這段對話，不好查源。

　　就像印度的歷史一樣不好查，也許是奧修隨口杜撰的「方便說」呢？

　　在印度失傳的東西，往往在其他文明中可以找到。

　　這句話在伊斯蘭教的蘇非文化圈中，顯示了蹤跡：

> You are not a drop in the ocean.
>
> You are the entire ocean, in a drop.

——Rumi（1207～1273）

　　表面上，這個漢譯應該是：

　　你不是海洋裏的一滴水，你是整個海洋在一滴水中。

　　但是，就像希臘文化在湮滅之際，它的「火種」的保留者是波斯-阿拉伯人那樣，這些伊斯蘭文化的繼承者是歐洲人。所以，這些從英文傳來的意思，我覺得不是魯米的本意，以我對他的瞭解，這位蘇非想說的是：

　　你不（僅僅）是海洋裏的一滴水，你（也）是整個海洋在一滴水中。

　　　黃金烹練轉為真，明珠含光未示人。

了即毛端滴巨海，始知大地一微塵。

——天然《孤寂吟》

卡比爾雖然被錫克教尊為「祖師爺」（「古魯」），但他的師承是伊斯蘭教。就像蘇非文化是伊斯蘭教徒汲取了印度教（「婆羅門教」）和佛教的東西，在西亞中東形成的一個產物一樣，就像禪宗是中國道家穿上袈裟而稱大乘一樣，錫克教是印度教與伊斯蘭教妥協、融合後，在印度形成的一個產物。所以他同時受到了瑜伽文化、佛教文化和蘇非文化的影響，這不奇怪。在泰戈爾從孟加拉語翻譯為英文的句子是這樣的：

All know that the drop merges into the ocean,

but few know that the ocean merges into the drop.

人們都聽說過水滴融入海洋，

但是鮮有人知，大海注入一滴水。

奧修大概讀到了這麼一個，或相似的句子。

「大海注入一滴水」之所以「鮮為人知」，顯然在蒙昧時代和啟蒙初期，它在各個修行文化體系中都是「秘而不宣」的，它在中國的古典丹派中也是「天機」中的「天機」，就隱藏在那句被佛教叢書《五燈會元》和話本《呂洞賓飛劍斬黃龍》說的著名的「一粒粟中」。釋子曰「一微塵裏光無盡」。

其「一粒粟」者，觀之網文的種種解釋，鮮有不落其相、不違祖師意者。禪師則把這個「正令全提」隱藏在《化米》中了：

當關擊破黃金鎖，佛與眾生無兩個。

全提吞盡十方空，萬億龍天為護佐。

雪歌獨唱古峰頭，風月溪山同贊和。

從來經闡在當人，密賴知音共揚播。

共揚播，非彼我，一缽千家崇善果。

直叩維摩不二門，狹路相逢休放過。

呵呵，釋道之爭由它爭去。您就想想那個氣場那個勢能吧，十四世紀在西班牙開辦了 Carmelite Reform 女修道院的大德蘭嬤嬤有類似的比喻，比起生平不可考的中國崔真人的「天應星地應潮」如何：

……我說過的那個水塘，它不覺之間就被甜蜜地、柔和地，無聲無臭地充滿了。那個海洋的擁有者——大皇帝，祂驅使海水流向水塘，一股大浪，猛力衝天，將靈魂的小船沖到了高處。如果舵手

與水手不能領導巨浪中的小船，朝著祂指引的方向走，那麼靈魂根本無法把握自己的內在運動。所以，上帝奪去了我們的感覺與能力，使之追隨著祂給予的方向。至於外面的事，我們在此境地裏，已經是渾然不覺了……

當「一切」返於「一」，即「一切」在「一」中「示現」的那個「反者道之動」的一瞬間，有誰能設想到那個內含大海的一滴水，那個顫顫悠悠、欲炸未裂的大水滴，該是一個什麼樣的「臨界」的狀態嗎？！

「待汝一口吸盡西江水，即向汝道」：

> 十方諸佛入其中，十波羅蜜一光同。
>
> 十世古今無間隔，十身千億法身通。

——普庵《贊三十六祖頌》

禪師說得是十分明白了：「大海注入一滴水」謂動態，「一滴水融於大海」謂寂靜。

內丹學派提供了一些關鍵詞，可以幫助你的想像力飛翔起來：「靜極生動」、「感而遂通」、「天人合發」、「火裏栽蓮」、「水生金」、「子生母」、「沖氣以為和」，是的，那位學物理的博士說對了，就是宇宙誕生之初的——「奇點」，是「膨脹」是「噴湧」，The Big Bang!

在宇宙「乒乓」的那個瞬間，開掛的星空已穿越億萬光年。

高道道「一粒粟中藏世界。」高僧曰「一粒破時全體露。」佛說「剎那即永恆。」

很有意思吧，宗教的佈道有時「很有意思」，確實能和科學研究不謀而合。

儘管如此，但是千萬別去撮合這一對「冤家」成親。

那樣，即使毀不了你的學術聲譽，你也會整得自己很沒有意思，像牛頓的後半生那樣沒有意思。

愛因斯坦在研究宇宙的生涯中，也有同樣的心路，他說過一個意思：

現在，對數理化已經沒有意思了，他只想知道上帝的意思。

不須搭乘飛船深入宇宙，飛抵上帝的行宮。

只要登機於萬米高空，把目光透過懸窗時，那種《宇宙：時空之旅》所描述的感覺，就會油然而生。

你就能看到，上帝的意思……

閱讀天文學吧，這種絕妙的「觀」法，比白骨觀、不淨觀不知道要好多少！

　　我們會「恍然大悟」，我們這些寄生在一粒微塵上的渺小生物，就在幾百年前，也就是宇宙曆中的幾秒時間，我們尚不知道自己身在何方，時為何時，對宇宙的其他部分一無所知。

　　我們身居囚籠，活在自己的小宇宙裏，困在堅殼之中，我們將如何逃出囚籠？

　　首先，我們得知道「自己」的位置和狀態，包括過去和現在吧？

　　假如把 138 億年的宇宙歷史壓縮成一年，人類會在什麼時間出現呢？

　　宇宙誕生於 137 億年前，為了更好地想像宇宙的歷史，我們把它壓縮成 12 個月的年曆。年曆上的 1 月 1 日是宇宙誕生的日子，年曆上包含了從那以後經歷的所有時間，一直到現在，在這個年曆上的 12 月 31 日午夜，按照這個比例，每個月代表 10 億年，每天代表將近四千萬年。那麼 1 月 1 日宇宙大爆炸究竟發生了什麼呢？

　　那是目前為止我們所能看到最早的時間，整個宇宙形成於一個比原子還小的點，空間在密度極大溫度極高的狀態下爆炸，由此開始了宇宙的擴張，並誕生了所有的能量，產生了所有我們已知的事物。這聽起來似乎很瘋狂，但是我們有很強力的觀測證據來支持宇宙大爆炸理論，證據還有氫元素在宇宙中的比例以及爆炸殘留的發光無線電頻譜。爆炸後宇宙開始冷卻，其間有兩億年左右的黑暗，萬有引力將氣體聚集並且加熱，直到第一批恒星發出亮光，那相當於 1 月 10 日。

　　在 1 月 13 日，這些恒星開始結合形成第一批小星系，這些星系融合成更大的星系，包括我們的銀河系，產生於 110 億年前左右，就是宇曆上的 3 月 15 日。數千億的恒星中，哪個是我們的太陽呢？此時太陽尚未誕生，它將從其他恒星的灰燼中產生。

　　星辰物質被不斷循環和濃縮，一遍又一遍，經過幾代恒星的誕生消亡，距離我們的太陽誕生還有多久呢？還有很長世間。我們太陽的第一次發光還要再等 60 億年。在這個宇宙年曆上太陽的生日是 8 月 31 日，那是 45 億年前，太陽系誕生。

　　就像太陽系中其他行星，地球在一堆氣體和灰塵中產生，繞著新生的太陽運行，反覆的碰撞產生了一個發光的球狀碎片。

　　在最初的 10 億年裏，地球飽受摧殘，任由軌道上的碎片撞擊和融合，直到他們形成了我們的月亮，月亮是那個暴力紀元的紀念品，如果你站在遠古地

球的表面，月亮會看上去比現在亮 100 倍，那時月亮離我們近 10 倍，被比現在更強大的引力吸引著。

9 月 14 日，地球誕生。

在地球冷卻下來後，海洋形成了。海浪比現在高 1000 倍，經過極其漫長的時間，潮汐的摩擦力將月球推遠，而生命也差不多在這個時候誕生。在 9 月 21 日，即地球上的 35 億年前，生命降臨在了地球上，我們至今仍然不知道生命的來源，或許他來自銀河系其他的地方？但物種的演化，從此開始。儘管我們尚無從得知這一天究竟發生了什麼，但我們卻可以得到不間斷的線索，探知生命從誕生發展至今的全部歷程。這一切線索，最終由一位偉大的科學家闡述給了世人。

到了 11 月 9 日，生命開始呼吸，移動，進食，同時對周圍環境做出反應。多虧了當時那些有開拓性的微生物，沒錯，就是那些不起眼的傢伙，他們是在本月 1 號左右，發明了繁殖。

12 月 14 日，多細胞生物誕生。

12 月 18 日，海洋浮游生物出現；三葉蟲繁榮的時代。

12 月 19 日，第一批魚類；第一批脊椎動物。

其中 17 號是很特別的一天，海洋中生命的發展開始騰飛，形形色色的大型植物和動物爆炸式的發展。提塔里克魚是最早冒險登陸的動物之一，當時的感覺肯定是像造訪另一個星球，森林，恐龍，鳥類，昆蟲，都在 12 月的最後一周進化而來。

第一朵花在 12 月 28 日盛開。

隨著古森林的成長死亡並被深埋進地下，他們的殘骸形成了煤。3 億年後，人類燃燒這些煤來推動文明的發展，同時也使我們的文明陷入危機。

12 月 24 日，恐龍出現。

12 月 26 日，第一批哺乳動物。

12 月 27 日，第一批鳥。

12 月 28 日，恐龍滅絕。

12 月 29 日，第一批靈長動物顯身。

還記得那顆在太陽系形成時的小行星嗎？

那顆被輕輕推動的小行星在宇宙年曆上的 12 月 30 日早上 6 點 24 分，造訪了地球。

在長達一億年的時間裏，恐龍曾是地球的統治者，當我們的祖先，小型哺乳動物戰戰兢兢地在地面上爬來爬去的時候，那顆小行星改變了一切。假如它沒有被推動，它會完全和地球擦肩而過，恐龍恐怕會依然存在，而我們就不會存在了。這是極端突發狀況的好例子，告訴了我們生存的偶然性。

宇宙已經誕生超過 135 億年，但是，人類的足印仍未出現。

包括如下一批靈長動物，下面所有這一切發生在 12 月 31 日這天！

下午 1：30，原康修爾猿（Proconsul）和臘瑪古猿（Ramapithecus），它們可能是現代猿類和人類的共同祖先；晚上 10：30，第一批人類；晚上 11 點，舊石器時代；晚上 11：46，北京人學會使用火（不要問我為什麼是北京人）。

在這個年曆代表的時間長河中，人類在最後一小時進化，宇宙年曆中的最後一天。

11 點 59 分 46 秒後，全部有記載的歷史都發生在最後的 14 秒裏，你聽說過的所有人，都存在於這個點的某個位置，所有的國王，戰役，遷徙，發明，戰爭和愛情，歷史書中的一切都發生在這宇宙年曆中的最後幾秒：

晚上 11：59：20，人類進入農業社會。

晚上 11：59：35，新石器時代開始；人類有了第一個城市。

晚上 11：59：50，蘇美爾（美索不達米亞早期文明）、埃勃拉（西亞古國）和埃及出現第一個朝代。

晚上 11：59：55，印度阿育王的王朝；中國秦代；雅典黃金時期領導人伯里克利的年代。

晚上 11：59：58，瑪雅文明；中國宋代；拜占庭帝國；蒙古西征；十字軍東征。

晚上 11：59：59，第一次工業革命；我們所在的年代；愛因斯坦誕辰；計算機的發明；登陸月球；網絡的發明。

在宇宙的年曆中，孔子在 12 月 31 日午夜 5.8 秒前誕生，牛頓則在午夜 0.76 秒前橫空出世；在午夜前的 0.02 秒時，我們才剛剛有了互聯網；而到明年 5 月 7 日，太陽則會進入生命的晚年，成為白矮星。到那時，人類將何去何從呢？

相對於宇宙的歷史，我們的人生只是一眨眼的時間。

如果我們想要「看清楚」宇宙年曆中這個瞬間，我們必須改變比例：

我們是這個宇宙的新丁，我們的歷史僅僅從宇宙年的最後一晚開始，新年

前夜的 9 點 45 分，也就是 350 萬年前，你我的祖先當時還在爬行，而我們站了起來和他們區別開來，自從我們直立行走，我們的雙眼不再迷戀地面，如今我們可以自由地探索奇蹟。人類存在的大部分時間裏，比如說最近的 4 萬代人，我們曾是流浪者，獵人和採集者混住在一起製作工具，生火，給事物起名字，這些都發生在宇宙年曆的最後一個小時裏。而我們必須改變比例取繼續探尋最後一晚的最後一分鐘到底發生了什麼。

11 點 59 分，以宇宙時間比例來說，我們太過年輕了，我們甚至還沒開始畫出第一張畫，直到宇宙年曆的最後 60 秒，只不過是 3 萬年前，我們發明了天文學，事實上，我們都是天文學家的後裔，我們的生存要依靠研究星星用來預測冬天的到來以及獸群的遷徙。然後大約 1 萬年前，我們的生活方式迎來了變革，我們的祖先學會了如何改變周圍環境，栽培植物，馴養動物，耕作土地，定居下來，而這些也改變了一切，有史以來第一次，我們可以擁有超過我們負重能力的東西，我們需要把這些數量記錄下來。

午夜前的 14 秒，大約 6 千年前，我們發明了書寫，隨後不久我們就開始記錄其他東西，不僅僅是糧食的數量，書寫讓我們保存我們的想法，並且跨越時間和空間傳播它們。泥板上的細小印記成了我們政府有限的生命的手段，這震撼了整個世界。

摩西出生於 7 秒之前，釋迦牟尼 6 秒前，耶穌基督 5 秒前，穆罕默德 3 秒前。

不到 2 秒前，無論好壞地球一邊的人類發現了地球的另一邊，僅僅在最後的一秒鐘裏，我們開始使用科學去揭示大自然的秘密和規則，科學方法是如此的強大，只用了 4 個世紀的時間，就從伽利略第一次看向望遠鏡，到人類在月球上留下足跡，它讓我們可以跨過時間和空間，去觀察我們在宇宙時空中的位置……

特別值得注意的是：

看宇宙年曆的 11 月 1 號這天，這個世界上發生了什麼？

嗯，生物們發明了（有性）繁殖！這就是後來的，男同志和女同志的來源。

他們的故事，將貫穿於整個人類的歷史。

易有太極，是生兩儀。

太極是圓，兩儀乃缺。

男女呢？為半（拉）。

宇宙年曆 11 點 59 分 46 秒時，

全部有記載的人類歷史，

都發生在最後的 14 秒裏，

你聽說過的所有人，

都存在於這個點的某個位置：

所有的國王，戰役，遷徙，發明，戰爭和愛情，

歷史書中的一切，

都發生在這宇宙年曆中的最後幾秒：

這一切，

無不是為了「愛情」，

也許，

用獲得「交配權」顯得更學術化一點！

從某種意義上說，為了獲得交配權，人類社會發展到今天這個模樣。

「東風不與周郎便，銅雀春深鎖二喬。」

從特洛伊到曹阿瞞，看多少英雄老漢，前赴後繼，死而後已。

讀一讀一名古羅馬的浪子班頭，一個窮鬼的控訴，男同志和女同志們，

就都笑了：

> 請以毫無理性的動物為榜樣吧：你看禽獸的靈性比人更通情達
> 理，牝馬不向雄馬索取任何禮物；母牛不向公牛討要什麼東西；牡
> 羊不靠一把青草去吸引雌羊的歡心。只有女人才樂於去剝奪男人，
> 只有女人才出租夜間時光，只有女人才把自己租賃出去。她出售令
> 兩個人都感到快樂、兩個人都想要的東西；她既得到了錢，還獲得
> 了享樂。愛神本是令兩個人都同樣稱心愜意的，憑什麼要一個出售，
> 而要另一個購買呢？
>
> ——奧維德《愛的藝術》

修行人啊，

你得先參透了這幕人間的遊戲，再談修道，未為遲也。

2

既然說及「一粒粟中藏世界」了，那就說透了吧。

我聽過一些相關知見。有說，「粟米之丹」越小，工夫越高，紫陽真人聽

了也只能回以「呵呵、呵呵」了，如果回老（呂祖）能再批評你一句，「著相甚矣了吧您」，那可謂稀世之道緣。

> 藥逢氣類方成象，道在希夷合自然。
> 一粒靈丹吞入腹，始知我命不由天。
>
> ——《悟真篇》七言絕句第六十

紫陽真人的「一粒靈丹」，顯然是上承回道人的「一粒粟」。

而這句呂洞賓的名言，則成名於佛教書籍。

佛教初到中國時，人生地不熟的，這即是問題也是機會。

木匠的兒子說：「我實在告訴你們，沒有先知在自己家鄉被人悅納的。」普通人說：「熟悉的地方沒風景。」這就是機會。

先比附黃老後格義玄學以圖生存，佛教這樣解決了問題。

兩晉之際，佛學者談玄，玄學者論佛，已經成為一時風尚。

魯迅說過一個意思：不嗑藥、不清談和不說《維摩詰經》，你都不好意思說自己是讀書人。

經玄學與佛學的互相影響，所以從唐代以後，談內丹道就離不開佛教了。而且，佛教也從義理、儀規，乃至造像，方方面面地漢化了——從這一點，也不難想見當初佛教由婆羅門教改頭換面而問世的過程。

像「無根樹」、「無孔笛」等等，都是經過了丹派大師對佛教在實修層面對「第一義」的詮釋，人們才「恍然大悟」。所以說，內丹道一旦入門，佛經也就徹底敞開了，就沒有你看不懂的佛經了。

> 菩提樹下風祛暑，般若臺前雨送涼。
> 一盞清茶諸想滅，更於何處覓西方。
>
> ——憨山《夏日過法性寺二首》

> 梅花香樹積成林，香氣薰人悅可心。
> 樹下現敷獅子座，風聲誰解海潮音。
>
> ——憨山《憶山中梅二首》

> 四圍嘉樹影扶疏，樹下深藏一小廬。
> 車馬不聞人跡斷，閉門長日獨跏趺。
>
> ——憨山《山居二十八首》

道長的《無根樹》已經很有名了，為啥自己又要唱反調嘞？

> 我唱無根卻有根，琪花瑤草欲封門。

　　　　洞中藏得小天地，睡到盤陀石上溫。

　　　　　　　　　　　　　　　　　　——張三豐《雲水集》

張三豐說無根，意思是「絕塵」。

讓張伯端說就是「見之不可用，用之不可見。」

他咋又說有根？當然了，根在先天嘛。

得道的人頭頭是道，是不是，他咋說都有理？

讓高僧說：

　　　　直截無根樹子鋪，超凡越聖大心粗。

　　　　忘軀為法方如此，擔板真如大丈夫。

　　　　　　　　　　　　　　——普庵《行住坐臥三十二頌》

「直截」也作「直接」。

「無根樹」直截了當地被神僧說破——「無根樹子鋪」……

然後，神僧砍下一支來，他在做「扁擔」嗎？

　　　　一條柳栗杖，兩頭光晃晃。

　　　　打破須彌山，掛在眉頭上。

　　　　　　　　　——普庵《金剛隨機無盡頌·非說所說分第二十一》

還是做禪杖啊？

　　　　如來寶杖親蹤跡，莫比世間閒戲劇。

　　　　有時喚作沒弦琴，忽然又道無孔笛。

　　　　　　　　　　　　　　　　　　——普庵《頌證道歌》

說得比川劇變臉都快，是不是被轉得暈頭轉向？

人若知竅也就就知道，換成丹派語言是個啥子塞？

就是「黃庭一路皆玄關。」就是「人身無處不丹田。」

萬變不離其宗。老子道「同出而異名」憨山說「一粒但能輕嚼破，始知佛法總無多。」

　　因為大乘經典基本是中土秀才依據本地品種改良而來，重要依據就是儒道文化。有興趣的可以看看小乘經典版本，與我朝很有不一樣。前面說過「六道輪迴」，被佛教吸收之後，在從原始佛教向大乘經典的演變中，佛陀的十項主張就刪除了。還有比較明顯的，原始佛教不講慈悲只求涅槃，在漢化過程中，就深受儒家的「博愛」思潮影響而有了普度眾生的空想。不說了，多了去。

看佛學詞典對「微塵」的解釋：色體的極小者稱為極塵，七倍極塵謂之「微塵」。

《華嚴經》：「譬如有大經卷，量等大千世界，而全住在一微塵中。一微塵既然，一切微塵皆亦如是。時有一人，（謂佛也）智慧明達，有淨天眼，見此經卷，在微塵內，即以方便，破此微塵。出此經卷，令諸眾生，普得饒益，以譬一切眾生身中，具有如來無礙智慧。但由眾生妄想顛倒而不自覺，唯有諸佛乃能知之。即以方便，令諸眾生修於聖道，破除虛妄煩惱，顯出如來真實智慧。故云一塵之內，有大千經卷。」

《維摩詰經·不思議品》：「若菩薩住是解脫者，以須彌之高廣，內芥子中，無所增減。」

那些大解脫者啊，可以把偌大一個須彌山塞進一粒小小的芥子之中，正合適塞，恰恰好啊。

這文字工夫實在不錯，形容佛法的無所不在，或「遍及一切處」吧──這是「泛佛主義」的標誌性口號。換一種比較相對哲學意味的話說，這是佛教的「本體論」──就這麼換了一種說法，它的神秘主義氣氛和神話色彩，瞬間遁失！

> 科學的價值能阻止狂熱與無知，畢竟宇宙的大部分是黑暗的，只有點點的星光點綴著。瞭解了地球的年齡，恒星的距離，生命的演變，這會讓世界有什麼區別？

> 嗯，這取決於你願意生活在多大的宇宙裏，有些人喜歡小宇宙，沒關係，完全可以理解，但我喜歡大的宇宙。當我把這一切放在我的心裏，我的腦海裏，我會感到心情振奮。當這種感覺湧起，我希望看到它是真實，而不僅僅是我腦海中的想像。因為這就是真相，而我們的想像與自然中令人驚歎的現實相比，根本不算什麼。我想要知道，在那黑暗的地方有什麼，在創世大爆炸之前發生了什麼，我想要知道，在宇宙的視界之外是什麼，生命又是如何起源的，宇宙中有沒有個地方，物質和能量在那裡被賦予生命和意識？我想要瞭解我們的先祖，瞭解他們每一個人，我想要成為一個美好而強大的聯接，聯繫世世代代的人類。我想要保護我的孩子們，以及未來的子孫後代。我們，代表著宇宙在這個世界的耳目，代表著宇宙在這個世界的想法與情感，我們開始瞭解人類的起源，思考繁星的故

事，物質的演化。回溯意識起源之前那條漫長的道路，我們與這個
星球上的其他生物，攜帶著宇宙進化的遺產跨越了數十億年。如果
我們將這些知識銘記於心，如果我們瞭解並熱愛大自然的本質，我
們的子孫們一定會記住我們，因為我們是生命之鏈中美好而強大的
一環。我們的子孫們也會繼續這神聖的探索。薪火相傳，不斷開拓，
發現我們做夢都想不到的奇蹟，就在這宇宙之中。

——《宇宙：時空之旅》畫外音

那啥子是泛佛主義？

簡單地說：世間一切，以及眾生所有內顯外現一切，皆是如來法身。

都沒法接這個話，這話端的「忒狂」了。

換個世間法談談先。曾經，土耳其這個精神突厥（非血統突厥）打著「泛
突厥主義」大做文章，直接插手我國事物，干擾我們的經濟文明建設。但是，
英文維基上的土耳其人基因學說清楚地顯示，土耳其人的突厥基因少地只有
10%的相似度（還只是相似度）：在一項對拜占庭時代人類線粒體樣本分析當
中，一隊科學家通過基因觀察將土耳其人歸為高加索人，而土耳其人和他們自
己認的突厥兄弟（吉爾吉斯、土庫曼、哈薩克），根本不在一個基因組裏。用
科學抽打文化奴隸的臉，殘忍不？不知道說清楚了沒有？

「泛佛主義」就是後來一些人，把佛陀樹立成一面旗幟，全世界乃至整個
宇宙，都是他的或法身或報化……

這簡直就是要如來站臺、把佛祖累死的節奏。

所以，當波斯人、突厥人、蒙古人沿著古道向印度次大陸、德干高原進軍
時，佛教摔跟頭了。

有趣的是，這種「大乘」的思維、情緒，又是印度教（或「小乘」）所欠
缺的。

它是佛教初入中國，比附「黃老」結果，也就是說，這顆「大衛星」是中
土與天竺合放的。南懷瑾先生有一段話說得好：「所以西方或日本的朋友們，
研究中國的禪宗，有些著作認為，禪宗雖然穿了佛教的外衣，實際上裏面是老
莊的東西。這些著作也言之鑿鑿，有憑有據。道理是什麼呢？老莊的這些術語，
禪宗的大師們太熟了，在中國弘揚佛法的道理，已經把那個術語都變了，用老
莊的術語來講。譬如從明朝以後，禪宗流行參話頭的方法，到了這一百多年後，
所流行的參一個話頭『念佛是誰？』就同莊子『不知其誰何』這句有關。」可

以這麼簡單地說，禪宗更像是身著袈裟的道家。

諸子與道家很早就在深入地思考和「形象」地描述「宇宙」了。

《易傳‧繫辭》：形而上者謂之道，形而下者謂之器。

《老子》：迎之不見其首，隨之不見其後。

《莊子‧庚桑楚》：「有實而無乎處者，宇也。有長而無本（開始）剽（結束）者，宙也。」

老子的高足尹喜這樣描述他老師的「本體論」：「是道也，其來無今，其往無古，其高無蓋，其低無載，其大無外，其小無內，其外無物，其內無人，其近無我，其遠無彼。不可析，不可合，不可喻，不可思。唯其渾淪，所以為道。」

可謂文辭沉博絕麗，可謂意境深遠雋永。

《漢書》「藝文志」中收錄了《關尹子》九篇，但是此書在隋唐時已佚失，今天通行的版本是宋以降又重新出現的。

縱然明清考據學認為是後人的託名之作，也並不影響它的思想價值，「道家大藏千萬卷，最精微者《關尹子》書也。」

於是，《管子‧心術上》和《呂氏春秋‧下賢》就似乎是比較早地，以「其大無外其小無內」來描述「道在天地之間也」其大至無所不包小至微乎其微了，這一「絕句」又帶著《莊子‧天下》「至大無外謂之大一；至小無內謂之小一」的明顯轍印，並且深遠地，影響了後來的──中國化的──「大乘」佛教，成為了它闡述「本體論」的慣用語，藉此以說其「佛性無處不在」。

舉個例子看吧，在思索宇宙是否有「邊界」時，《列子》中的經典之說是：「無極復無無極，無盡復無無盡。」對應著佛教的「我及世間，非有邊非無邊，此實餘虛。」（《長阿含經》）

當然，我們也不能武斷地說，佛教的「遍及一切處」是受到了道家的宇宙觀、本體論的啟發而產生的。

我們只能說，在佛經的翻譯過程中，「格義」（和比附）有著舉足輕重的意義！

玄學的主旨是老莊思想，魏晉時的僧人普遍是由儒向釋精通老莊的。

例如，在以記載清談家言行為主的《世說新語》中，關於支遁的記載就有四十多條。這位典型的具有清談家條件雜糅老釋的僧人，他對於清談家最為宗奉的典籍《莊子》更有獨到的見釋，這位玄佛的先驅注解的《逍遙遊》，群儒舊學，讀後無不稱讚。還有深受道安賞識的慧遠，博覽六經，尤善老莊。這裡

選《慧遠問大乘中深義十八科並羅什答》第七章「問法身感應並答」一段，看他是如何嫻熟地把《莊子》和《周易》乃至儒家章句，人不覺鬼不知地就順著「習氣」插入佛系叢書中的：

> 遠問曰：夫形開莫善於諸根，致用莫妙於神通。故曰：菩薩無神通，猶鳥之無翼，不能高翔遠遊，無由廣化眾生、淨佛國土。推此而言，尋源求本，要由四大。四大既形，開以五根；五根在用，廣以神通；神通既廣，隨感而應。法身菩薩無四大五根，無四大五根，則神通之妙，無所因假。若法身獨運，不疾而速，至於會應群粗，必先假器。假器之大，莫大於神通。故經稱如來有諸通慧，通慧則是一切智海。此乃萬流之宗會，法身祥雲之所出，運化之功，功由於茲。不其然乎？不其然乎？若神通乘眾器以致用，用盡故，無器不乘。斯由吹萬不同，統以一氣，自本而觀，異其安在哉？則十住之所見，絕於九住者，直是節目之高下，管窺之階差耳。

其中，「不疾而速」語出《易傳・繫辭上》：「唯幾也，故能成天下之務；唯神也，故不疾而速，不行而至。」

「吹萬」語出《莊子・齊物論》：「夫吹萬不同，而使其自己也，咸其自取。」司馬彪《莊子注》：「言天氣吹煦，生養萬物，形氣不同。」

「節目之高下」語出《禮記・學記》：「善問者如攻堅木，先其易者，後其節目。」意思是說，會砍硬木頭的，先砍容易的，再砍節目。「管窺之階差」語出《漢書・東方朔傳》：「以管窺天，以蠡測海，以莛撞鐘，豈能通其條貫，考其文理，發其音聲哉？」這幾個連續的比喻真是富有想像力：通過竹孔看天，以貝殼來量海，用草莖敲鐘，會有什麼結果呢？

所以，這裡的「節目之高下，管窺之階差」，就是說，十住菩薩所見之法身，和九住菩薩所見不同者，不是由於佛的法身有什麼不同，而是不同菩薩境界有差別看法故不同罷了。

所以說，閱讀他的著作，沒有「三玄」和儒家的底子是根本不行的。

早期從印度傳來的佛教經典，在朱熹眼裏「所言甚鄙俚」。

身為對諸家的融會貫通者、集大成者的學術大家，他看的是很透徹的：「蓋佛之所生，去中國絕遠，其書來者，文字音讀，皆累數譯而後通。」而且「佛書本皆胡（西域）言，譯而通之，則或以數字為中國之一字，或以一字而為中國之數字。而今其所謂偈者，句齊字偶，了無餘欠。至於所謂二十八祖傳法之

所為書，則又頗協中國音韻，或用唐詩聲律。」

朱熹是說，佛學中一些「精妙」的地方，全是「如遠、肇法師之徒」始作俑，後人又添油加醋而成的一盤菜。

事實上，僧肇等人的著作，以及隨後的禪宗皆與老子及莊、列的學說血脈相連；事實上，僧肇之學恰如一座橋樑，一邊連接魏晉玄學，一邊通向隋唐佛學；事實上，僧肇之學不僅對隋唐佛學，而且對宋明理學也起到了一些影響。無論理本論還是心本論，都不同程度地和僧肇有聯繫，乃至經院大師也情不自禁地誇讚草根大師們那個學問做得「精巧」。

慧遠二十四歲登壇開講《般若經》時，一次有人對「實相」不能理解，慧遠怎麼講解也難以說清道明，於是引用了《莊子》的類似概念，聽眾便明白了。從此，道安特別允許慧遠引用佛典以外的書來比附說明佛經，這是慧遠融合儒、道、佛思想，把佛學中國化的開端。事實上，惠遠的學問裏面，大片都是老莊的意思。

以道格釋首先要求佛教學者對玄學的熟諳，而道玄精深為這些僧人的翻譯、格義提供了便利。到底，鑒於思維重點或模式的不同，兩者之間難以有一個絕對「公正」、「客觀」的比較；到底，對應著中國人的「天人合一」說，印度也有「梵我不二」說，古代希臘的醫學也有類似的看法。就像人類各個文化圈，早期都有「象形文字」的發明一樣，區別是中國人把「漢字」做到了極致做成了藝術。鑒於道家哲學和原始佛教哲學（小乘佛學）類同之處較多，具有格義的基礎，這也是佛教傳入中國相對順利的原因之一吧。

以上，這些，都是修行人需要在「窮理」工作中完成的一部分內容——只有頭腦清晰透徹，你的修證才可以無限地接近「真理」（即「客觀」）。

舉一個理論在落實上的例子吧，用我早年間的一篇隨筆日記：

　　　　昨夜在書桌旁坐到深夜。伍柳是「以佛入道」？還是「以道入佛」？

　　　　早晨特奇怪：這麼簡單的問題，在昨夜空空如也的頭腦里居然不能判斷了。

　　　　被「元神」主宰的人，」猶如在雲霧中，又似融化在晨曦裏……

　　　　用「不由自主」來形容吧，嗯，很恰當。

　　　　此際，「識神」的面孔，總是一閃即逝，或又，不期而遇……

　　　　思想啊文字啊，只能從「虛空」的光影中顯示……

好吧，重新學習，學而時習之不亦悅乎。

也許，只有這個人，能做好這個「和事佬」：

伍柳師生的做派，顯然，讓印光法師很生氣。

伍柳師生引導了明清之際的一大潮流，就是嘗試了在釋道對立中試圖做某些「統一」。

如果說，伍柳在為自己的內丹道創建具有自家風格的「上層建築」時，他們大量的使用了「佛教材料」。那麼，在他們以佛入道之前，援道解佛者，僧肇是（佛教的）一元論與（道家的）二元說最早的、最好的「做者」。

「想不到穿袈裟的僧人中還有何晏類的人物。」（不意方袍復有平叔。）

在他的佛學論著中，不時援用玄學術語，且遠遠超出「格義」的樊籬。

他早年以傭書（抄書）為業，通學儒道，精通三玄。後在鳩摩羅什門下出家，為羅什的得意門生、「法中龍象」。

弘始十二年劉遺民致僧肇涵：「去年夏末。見上人《般若無知論》才運清俊，旨中沈允。推步聖文，婉然有歸，披味殷勤，不能釋手，真可謂浴心方淵，悟懷絕冥之肆，窮盡精巧，無所間然」。可以看出當時名士對僧肇思想和文采的激賞。

汪疏：此才運清俊，旨中沈允者：運才思，清雅俊逸，意旨中當，沉深允愜也。《易》云：「允，當也。」《尚書》：「允執其中，四海困窮，天祿永終。」孔安國《注》云：「允，信也。」推涉聖文，婉而有歸者：《左傳》云：「婉，曲也。」《說文》云：「婉，順也。」聖文，謂佛經。推驗佛經，肇法師所作有旨歸也。

學界的共識是，僧肇正適應了當時的需要，「融會中印之義理」創立自己的佛教哲學體系，從而為隋唐佛學發展奠定了重要的理論基礎。它是中國佛教哲學從依附魏晉玄學向成熟的隋唐佛學過渡的中間環節，是玄化的佛學、佛化的玄學，是亦此亦彼的中介。

當然，他又正好遇到了大法力的提攜。鳩摩羅什，不僅是故事中的一位傳奇的人，也是生活中，生動活潑的人：不僅思想飽滿、瀟灑倜儻，而且文采一流，會說話。《高僧傳》中說：「鳩摩羅什碩

學鉤深，神鑒奧遠，歷遊中土，備悉方言。」（他的得意弟子僧睿在《大智釋論序》謂羅什的漢語水平「方言殊好，猶隔而未通。」未加溢辭。）為爭奪這位世界著名思想家、佛學家、哲學家、翻譯家、漢學家、音律學家、星象學家、中國佛教八宗之祖，前秦後秦發動了兩次戰爭，當然了，也不排除政治人物的這些「藉口」。

竊以為，學生超越老師之處的，他對佛教之「潛移默化」的巨大貢獻，正是對其核心概念「空」，所做的玄學化的闡釋。朱熹所說的佛教之「空」源自老子之「無」，所以「疑得佛家初來中國，多是偷老子意去做經，如說空處是也。」精闢。

商羯羅終結了佛教在印度的正統（思想文化哲學）地位後，漢化的佛學之所以融入了中國文化的主流，即始於僧肇的「真空妙有」說。真空妙有思想不僅成為了空觀思想的主流，也是自七世紀世界佛教的中心東移的「活力」，否則，它在中國也是行不通的。佛陀在世時，他可以拒絕那些不關痛癢的他不感興趣的形而上學的問題，但是他在國破家亡時還是站了出來，儘管他無能為力。佛教呢，作為一種宗教（文化）最終是無法迴避對於現象的解釋和肯定，也不得不承認現實世界的價值與意義的。「空空如也」最終走向了對它的否定，不再一味強調無我，同時肯定了有，提升我。

前者是世家子弟，後者出身於草根。但與何晏、王弼一樣的是，這也是一位天才，額頭上銘刻著老子的「觀其妙」、「觀其徼」及王弼的「體用一如」和「妙有」的痕跡，僧肇援道家的「無」和「妙有」以解佛教的「空」，羅什贊曰「解空第一」。當然，在他前面還有「別一個竊火者」，在佛教的漢化和經典彙編改造的運動中，支道林是先鋒。魏晉玄學，經他點化，搖身一變，成了佛教的義學。像《金剛經》、《心經》、《楞嚴經》等等，其文字精美義理玄奧的大乘經典，與原始佛教的語境、文采，根本不是一個世界的物產。而唐代興起的禪宗呢，其實又是道學的佛教化——中土秀才們做得這些活兒，與印度人根本就扯不上關係了。

時間久了，人們居然不知道了，這分明是道家的東西嘛哦。就像發工資了，人們黏著口水，123456……數著印有領袖偉人頭像的紙幣，開心得不得了，還有誰介意那是阿拉伯的數字，而不是天朝

的壹、貳、三？

「空空蕩蕩」的佛法，就「妙有」了抓手，或臺階，行人有了下腳處，不至於，每每「踩空」。

同時，羅什聽說，有人說道家三玄與佛教的九部相同，老子與釋迦牟尼佛的智慧平等時，他長歎道⋯⋯

意思是，只有佛陀是出世的大聖人，而老莊只是凡夫的賢人。

又是一場神仙打架，小鬼遭殃。

所以，聽羅什大師的話，也得擠乾淨他的「成見」！

「先入為主」的思想，有多可怕。

德國人的哲學和文學是有嚴格區別的，黑格爾說過一個意思，中國文化是早熟的。這是很有見地的。

所謂早熟，就是還呈現出一種胚胎狀的混沌意識。具體地說吧，在中國傳統文化中，「九經皆史」，即文史哲是一家。

「文以載道」是「文」的本職，但是若文辭太過優美而自耽、迷人，恐怕會丟了修行人的根本。聽一位唐僧言之，有理：

五老峰前相遇時，兩無言語只揚眉。

南宗北祖皆如此，天上人間更問誰。

山衲靜披雲片片，鐵刀涼削鬢絲絲。

閒吟莫學湯從事，拋卻袈裟負本師。

枯木和尚點贊：

西來祖意問重重，禪板蒲團用處同。

休把虛空增粉飾，他家肯重似盲聾。

尤其是，「本體」一旦和「某人」（比如釋迦牟尼）結合在一起，或者說，一旦說「某人」可以以「法力」做到這些，呵呵，佛經的「迷人」之處還真得是很迷人的，看這一句，「世間一切以及眾生所有內顯外現一切皆是如來法身」，定力不足者跟著這些話語就被它繞進去了，甚至不須掙扎，就沒頂於如來智慧的海洋裏去了。

白話一段在南北朝時期代表學者身份的《維摩詰經》吧，看看在卓絕無二的鳩摩羅什大師的《不思議品》的那個氣場裏，你自己還能不能淡定，啊呵呵。

爾時，舍利弗見此室中無有床座，作是念：「斯諸菩薩、大弟子眾，當於何坐？」長者維摩詰知其意，語舍利弗言：「云何，仁者，

為法來耶？求床座耶？」舍利弗言：「我為法來，非為床座。」維摩
詰言：「唯！舍利弗，夫求法者，不貪軀命，何況床座？夫求法者，
非有色、受、想、行、識之求，非有界、入之求，非有欲、色、無色
之求。唯！舍利弗，夫求法者，不著佛求，不著法求，不著眾求。
夫求法者，無見苦求，無斷集求，無造盡證、修道之求。所以者何？
法無戲論。若言我當見苦、斷集、證滅、修道，是則戲論，非求法
也。「唯！舍利弗，法名寂滅，若行生滅，是求生滅，非求法也。法
名無染，若染於法，乃至涅槃，是則染著，非求法也。法無行處，
若行於法，是則行處，非求法也。法無取捨，若取捨法，是則取捨，
非求法也。法無處所，若著處所，是則著處，非求法也。法名無相，
若隨相識，是則求相，非求法也。法不可住，若住於法，是則住法，
非求法也。法不可見、聞、覺、知，若行見、聞、覺、知，是則見、
聞、覺、知，非求法也。法名無為，若行有為，是求有為，非求法
也。是故，舍利弗，若求法者，於一切法應無所求。」

　　維摩詰與同修的對話久了，年事已高的舍利弗多少有點站不住了，看室內
空空如也沒有床坐。維摩詰以他心通知舍力弗心中所想，問道：「你是為法而
來呢，還是為床坐而來呢？」舍利弗言「我為法來」。然後是維摩詰講了一通
佛法，他講這通大道理時，與會的大眾和五百天子，對諸法不再妄想紛飛，豁
然開朗，得「法眼清淨」。

　　　　爾時，長者維摩詰問文殊師利：「仁者遊於無量千萬億阿僧祇
國，何等佛土有好上妙功德成就師子之座？」文殊師利言：「居士，
東方度三十六恒河沙國，有世界名須彌相，其佛號須彌燈王，今現
在。彼佛身長八萬四千由旬，其師子座高八萬四千由旬，嚴飾第一。」
於是長者維摩詰現神通力，即時彼佛遣三萬二千師子座，高廣嚴淨，
來入維摩詰室。諸菩薩、大弟子、釋、梵、四天王等，昔所未見。其
室廣博，悉皆包容三萬二千師子座，無所妨礙。於毗耶離城，及閻
浮提四天下，亦不迫迮，悉見如故。爾時，維摩詰語文殊師利：「就
師子座！與諸菩薩上人俱坐，當自立身如彼座像。」其得神通菩薩，
即自變形為四萬二千由旬，坐師子座。諸新發意菩薩及大弟子皆不
能升。爾時，維摩詰語舍利弗：「就師子座！」舍利弗言：「居士，
此座高廣，吾不能升。」維摩詰言：「唯！舍利弗，為須彌燈王如來

作禮，乃可得坐。」於是新發意菩薩及大弟子，即為須彌燈王如來
作禮，便得坐師子座。舍利弗言：「居士，未曾有也！如是小室，乃
容受此高廣之座。於毗耶離城，無所妨礙。又於閻浮提聚落城邑，
及四天下諸天、龍王、鬼、神宮殿，亦不迫迮。」維摩詰言：「唯！
舍利弗，諸佛菩薩有解脫名不可思議。若菩薩住是解脫者，以須彌
之高廣，內芥子中，無所增減，須彌山王本相如故；而四天王、忉
利諸天，不覺不知己之所入，唯應度者，乃見須彌入芥子中。是名
住不思議解脫法門。

　　這時維摩詰問文殊師利：「你去過那麼多地方，什麼地方有很好的座位可
以弄來讓大家坐一坐呢？」

　　文殊師利講「有一個須彌相國，有上好的師子座。那裡的師子座高八萬四
千由旬。」

　　一由旬有八十、六十、四十里之說，那八萬四千由旬大約是地球到月球距
離的七倍，地球都容不下這樣的座位了，別說地球上的房間了。

　　但維摩詰竟然借來了三萬二千個師子座，不但放進了屋內，而且眾人還不
覺得屋子裏面老擠得慌。

　　舍利弗覺得不可思議了：「哇，這麼小的一個房間竟然把這些東西都塞進
去了！」

　　維摩詰就說了：「諸佛菩薩有一種解脫，叫不可思議。如果菩薩住在不可
思議解脫境界裏面，他有能力把須彌山這麼高這麼廣大的東西放到一個小小
的芥子裏面。」……

　　有意思吧，研究佛系叢書之前，你得先瞭解古代印度人說話「不靠譜」的，
或者說細膩而「誇張」的文辭風格啊，這些前面都講過了。

　　凡此種種說法，無不是脫化自從佛祖的那句詩意：「一花（沙）一世界，
一葉一菩提」。

　　《華嚴經》所說的「於一毫端現寶王剎，坐微塵中轉大法輪。」也是同樣
一個意思。

　　《北齊書・文苑傳》：「法王自在，置世界於微塵，納須彌於黍米。」

　　佛教之「沙」之「芥」，到了東土以後，猶如橘生於淮北則為枳，入鄉隨
俗改其「黍」其「粟」了。

　　中華文明濫觴的黃河流域，很是適合黍和稷的生長。自史前至商代，在秦

朝小麥開始在北方普遍種植前，一直都是中原地區最主要的糧食作物。在甲骨文中，黍的地位非常突出，稷則僅次於黍。

黍和稷到底是同一種作物或兩種不同的作物？千餘年來文獻中一直爭辯不休。以稷為粟和以稷為黍的，各自引經據典，互相辨駁，積累的文字，已堆積成山，而且參與者都是經學大師、訓詁名家。呵呵，有興趣的、有腳力的驢族可以去登登這座大山。

一般而言，稷俗稱穀子，去皮稱粟，即今天的小米。黍子，子實淡黃色，去皮後稱黃米，比小米稍大。

從產量或市場價來說，兩者還是有貴賤之分的。《齊民要術・笨麴並酒》：「（粟米酒）貧薄之家，所宜用之。黍米貴而難得故也。」

在文學藝術中，黍稷就不分彼此了，《詩經・黍離》：彼黍離離，彼稷之苗。行邁靡靡，中心搖搖。

在丹派中，黍粟也通用，以喻真鉛真汞合成之真空妙有（之物）。

《龍虎還丹訣頌》：「呂先生詩云：一粒粟中藏世界，半升鐺內煮山川。」

《三極至命筌蹄》：一點成丹黍米珠。（注）一點者赤水玄珠也，大如黍米，故曰一點；成丹者，從微而著也。

《三豐全集》：大丹如黍米，脫殼證無為。人能服此藥，壽與天地齊。

隱仙派祖師對「一粒黍米」的詮釋，就像他對佛教的「無根樹」、「無孔笛」和「沒弦琴」的詮釋一樣，不惜筆墨：

> 此物在道門中，喻真鉛真汞。一得真得，不可著於乾坤、日月、男女上，只於己身內外，安爐立鼎，煉己持心，明理見性之時，攢簇發火，不出半刻時辰，立得黍米玄珠，現於曲江之上。刀圭入口，頃刻一竅開，百脈齊開，渾身筋骨、五臟、血肉，都化成氣，與外水銀相似。到此時候，用百日火功，方有靈妙，一得永得，無有返還，住世留形，煉神還虛，與道為一矣。此物在佛門中，說是真空真妙覺性。下手端的，煉魔見性，片晌工夫，發起三昧真火，返本還元，一體同觀，大地成寶，霞光萬道，五眼六通，煉金剛不壞之身，了鬼神不測之妙也。此物在儒門中，說是無極而太極。依外天地而論，無極是天地周圓、日月末判之前，四維上下，混混沌沌，如陰霧水氣，直至時到氣滿相激，才是太極。是時也，日月既生，清濁自分，在上為天，在下為地，天之清氣為純陽，地之濁氣為純

陰。雨露從天降，是陽能生陰；萬物從地生，是陰能生陽。天地是個虛無，包藏無窮盡、無邊際。天之星宿神祇，動靜轉輪，各有方位。地下萬物，按四時八節，自然發生。總論只是虛空。夫日月是天地之精，上照三十三天，下照九極萬泉，東西運轉，上下升降，寒暑往來。日是純陽之體，內含一點真陰之精，屬青龍、姹女、甲木、水銀、金烏、三魂，即是外。月是純陰之體，內含著一點真陽之氣，屬白虎、嬰兒、庚金、朱砂、玉兔、七魄，即是內。人身造化同天地，故人身亦有真日月，道在邇，人何求之遠也？三魂屬性，性在天邊；七魄屬命，命在海底。內外通來性命兩個字，了卻萬卷丹書。性屬神是陰，命屬氣是陽，故曰「一陰一陽之謂道」，千經萬卷皆是異名。然真性命及幻法象，若不得真傳，則又不可知耳。古仙云：「四大一身皆屬陰，未知何物是陽精。」又云：「涕唾精津氣血液，七般靈物總屬陰。」乃後天渣質之濁陰，非真陰也。真陰與真陽相對，真陰既不知，焉能知真陽乎？今之學者，不惟不知真陽，亦且不知真陰，若知真陰，亦必知真陽矣。不遇明師，焉能猜度。學者窮取一身中天地人三才之妙，窮一身內外真爐鼎之端的，及一身內外陰陽之真消息。如不得旨，一見諸書異名，心無定見，執諸旁門，無有辨理。既不知窮理則心不明，心既不明則不能見性，既不見性焉能至命？古人云：「只為金丹無口訣，教君何處結靈胎。」

——《玄機直講‧一粒黍米說》

　　《五燈會元》中的這個神神道道的故事，顯然是佛教要辦道教祖師的難看：

　　呂洞賓得道以後，雲遊至黃龍山。

　　慧南禪師想要度化他，於是問：今天在我們座裏有竊法的人，誰啊？

　　呂洞賓瀟灑地走出來，問說：一粒粟中藏世界，半升鐺內煮山川，請解釋一下啦。

　　慧南厲聲說：你這守屍鬼。

　　呂洞賓回答說：怎奈我囊中有長生不死的藥呀。

　　慧南說：就是你能活上八萬劫，最後也必然落空而亡。

　　黃龍問他說：半升鐺內煮山川我就不問你，但為什麼是一粒粟中藏世界呢？

這一段對話拙問拙得不能再拙了，裏面看不出有任何受益之言。

呂祖這就給跪了？

是的，後文說呂洞賓拜在黃龍門下，還作了一首偈子：

棄卻瓢囊摵碎琴，如今不戀汞中金。

自從一見黃龍後，始覺從前錯用心。

不過實在地說，道教的（肉身）「不死」說，遠不及佛教的（靈魂）「輪迴」說，漂亮迷人得多。

這一句出自佛書的名言，原意是說一粒小小的芥、沙、粟中，無不有佛性的顯化和存在。

被後來篡解到了無法無天的境界了，有些「道士」說了，工夫越高，其「米」越小——佛教的一個「泛論」，居然成為了內丹道「修行」的衡量標準，這一「荒唐言」豈不是很搞笑？

「守屍鬼」，是那個糟老頭子把我呂祖頭上打了三個疙瘩又惡語相加。

道系從這仨疙瘩的痛處，可以悟出些什麼呢？

那就是佛教之空，對丹派之實的「對沖」，或「校正」。

「一粒粟中藏世界」起源自佛經，又在佛系辦道教的難堪中，廣為人知。

「一粒」之法相，由此成了丹派的標誌，幾乎牢不可破。

> 光明洞耀，照徹十方。譬如千日，放大光明。古人道：盡大地
> 是沙門一隻眼，盡大地是個法身王。
>
> ——《摩訶般若波羅密多心經唐大顛禪師寶通注》

大顛和尚「一眼看穿」了整個世界，同學是否看穿了那「一粒」？

視野繼續向無限的遠方、向宇宙的深處延伸：

這一隻眼無形也無相，十方世界卻盡收其中。

一切在玄覽中無遺，又恰好滿而不溢。

或者說，吾人和宇宙「天人合一」際，婆羅門謂「梵我一如」維摩詰曰「內芥子中無所增減」。

> 無在不在，十方目前。
> 極小同大，忘絕境界。
> 極大同小，不見邊表。
> 有即是無，無即是有。
> 若不如是，必不須守。

> 一即一切，一切即一。
>
> 但能如是，何慮不畢。
>
> 信心不二，不二信心。
>
> 言語道斷，非去來今。

——《信心銘》

換百姓的句話說，這雙鞋子，是那麼地合腳，可得勁嘞。

此即得真實正見之活眼、慧眼、明眼、頂門眼，所謂正眼法藏，可謂佛法全提。

> 萬法一如不用揀，一如誰揀誰不揀。
>
> 即今生死本菩提，三世如來同個眼。

——景岑《因臨濟示眾赤肉團上有一無位真人乃有偈》

禪宗每以正眼一詞，為心之異名，如此，便有心藏萬法之義：

> 隨其心淨，則國土淨。

——《維摩詰經》

> 眼若不眠，諸夢自除。
>
> 心若不異，萬法一如。
>
> 一如體玄，兀爾忘緣，
>
> 萬法齊觀，歸復自然。

——《信心銘》

當下即永恆！

所以高僧道「即汝便是。」所以高僧笑「我就是啦。」

這就是「天人合一」的最高體驗，古之「天人同構」觀即由此而來。

所以大顛說「山河大地從什麼處得來？若從這裡，一一明得便了。」

但是，這種體驗哲學，沒有直趨先天深入法界的旁觀者，又是看不見摸不著嗅不到的，類似於現代的「場」觀念。所以大顛又說：

> 芥子納於須彌，須彌納於芥子。藏身處，沒蹤跡，沒蹤跡處莫
> 藏身。神通自在，出沒自由。或現大身，滿虛空界；或現小身，微
> 中極微，細中極細。拋向諸人面前，打鼓普請看不見！
>
> 會麼？海底金烏天上日，眼中童子面前人。

——《摩訶般若波羅密多心經唐大顛禪師寶通注》

在我等凡夫眼中，拿一粒粟和四部洲去比較，不是拿蘇乞兒去和皇上做比較嗎？

阿燦攜美女如霜帶一群嬌娃，奉旨乞討，嘖嘖，那個逍遙自在。

皇上卻整日處心焦慮，擔心著丐幫人多勢眾推翻自己。

阿燦開示他：「丐幫有多少弟子不是由我決定的，而是你決定的。如果你真的英明神武，使得國泰民安，鬼才願意當乞丐呢！」這是皇上能有的帝師境界嗎？

但是你看，有人用另外「一隻眼」去看世界，山水就不一樣了，那「一粒粟」完全走樣了，它像爆米花一樣，炸開了：

被岑和尚輕鬆地就拈將世界放了進去。不大不小，正恰恰好。

禪師說「全色為眼」、「全眼為色」。

換方言說，買了雙孩子正合腳，穿住可得勁嘞。

沒有見識過這個視角的練家子，一注解金丹，就要對著球樣去素描了。

> 是以全色為眼，常見色而無緣。
>
> 全眼為色，恒稱見而非我。
>
> ——《宗鏡錄》卷六十五

> 具一隻眼，可以坐斷十方，壁立千仞。
>
> ——《碧巖錄》第八則

> 仲尼曰：「若夫人者，目擊而道存矣，亦不可以容聲矣。」
>
> ——《莊子·田子方》

> 一眼識破真相。
>
> ——俗話

說來這一隻眼，在內丹道中也大名，叫啥？

啊，叫道眼？太俗氣了吧。

叫（敲竹喚龜吞）玉芝？

叫（撫琴招鳳飲）刀圭？

哦，太晦澀了吧。

叫一粒金丹？叫道竅？

哦，明白了。

嗯，隨喜、隨便。

其實叫啥都行，老子曰「同出而異名。」

一日，大聖誤入了老君的兜率宮，看無人值守：

> 他就把那葫蘆都傾出來，就都吃了，如吃炒豆相似。

——《西遊記·第五回》

藝術作品中的金丹，有聲有色有滋味。

從某種意義上說，修行就是在「破相」。

性功上的每一個突破，命功都會隨之（或延遲）而進。

祖師謂之「只修命，不修性，此是修行第一病。」

一個學道之人，道理不明而要入道，就是入了「道」他也不知道是正道還是邪道。

一個人一直執守著色身中的「炒豆」，你就一生也不能消化掉，直到成「結石」。

我說內丹大師傅你那都不是著相了，都成化石了，大小師傅大多不會認。

那好，繼續玩彈子吃炒豆吧，喜歡就好：

> 一點如朱橘，要使水銀迎。絕不用器械，顛倒法乾坤。
>
> 注：還丹之際，有形可見，一點落黃庭，狀如朱桔，又似彈丸。水銀者汞也。丹之到來，須運一點真汞以迎之。至則饒他為主，夫唱於前，婦隨於後，顛倒陰陽，逆施造化，所謂兩重天地，四個陰陽。《三字訣》曰：大關鍵，在顛倒，我反為賓他作主也。器械者，琴劍也。丹既歸鼎，停符罷火，不用器械，惟此玄妙機關。舉世學人，何啻萬萬，誰得而知知之不難，要在多積陰功，廣行方便。志之所在，天必應之，自有神仙作汝師矣。

——《呂祖百句章傅金銓注》

正眼法藏＝造化鼻孔，會麼？

眼睛是心靈窗戶，鼻孔裏有鼻屎鼻毛啥的……

這兩者能畫等號？

一位知名的煉丹師傅批評過本人：

竅是竅，丹是丹，這兩者你都能混淆！你好糊塗啊！

> 水和浪有別嗎？
>
> 湧起是浪，
>
> 落下是水。
>
> 誰能分開這二者？

> 或僅因人創造了不同的字，
>
> 我就必須把二者區分嗎？

──Kabir（1398～1518）

糊塗就好啊，分不清楚的。

分清楚時，「七日混沌死」。

道是混沌的，混沌是分不開的。佛曰不可思議。大道裏也是沒有邏輯的。

如果你分得開，眼鼻分得恁清楚，說得有鼻子有眼時，說明你正在分析階段，「修行不見娘生面」。

放心畫等號吧，都是第一義。

否則，誰謂鼻祖？

> 求生本自無生，畏滅何曾暫滅。
>
> 眼見不如耳見，口說爭似鼻說。

──紫陽真人《生滅頌》

紫陽真人又一首：

> 吾師近而言語暢，留在世間為榜樣。
>
> 昨宵被我喚將來，把鼻孔穿放杖上。
>
> 問他第一義何如，卻道有言皆是謗。

──紫陽真人《讀雪竇禪師祖英集》

昨夜，「吾師」喚我虛室相見，他教了我「鎖鼻術」，降服了心中牛王……

「被我」也是倒裝語式：

昨宵我被喚將來，

把鼻孔穿放杖上。

＝

陽自空中來，

主人公抱我。

一個是：

大道它來了，把我當寶寶一樣，抱起來舉高高啊，好有愛！

一個是：

他把我鼻孔給穿上了啊，要當牲口使喚嗎？好無情！

怎麼辦？沒辦法，「喚牛即牛，呼馬即馬」唄。

放心啊，最終結果，你不會吃虧的：

道是無情卻有情，佛說原來怨是親。

雨笠煙蓑歸去也，與人無愛亦無嗔。

此佛之正眼，乃彼造化的鼻孔啊，不要分了，分不清楚的。

分清楚時，「七日而混沌死」。

道是混沌的，混沌是分不開的。

如果你分得開，分得那麼清楚，說明你還在分析階段，具有很強的邏輯能力。

佛曰不可思議，大道裏也是沒有邏輯的。

佛系有一本叢書《人天眼目》，你看這些對象，那一樣有邏輯：

無為國、無星秤、無根樹、無底缽、無弦琴、無底船、無生曲、無孔笛、無須鎖、無底籃……

《星際穿越》裏在穿越蟲洞時，那個女的說看到了「They」……

They 是什麼，就是「真相」，就是我說的「這些」，宇宙是古往今來一切人的智慧無法理解的——客觀存在。

修道的終極目的不是「理解」了，而是「斬斷」了；不是「明白」了，而是「糊塗」了；不是「知道」了，而是「混沌」了……

這個「靜篤」中的「顯靈」對應著佛教的「打開」、丹派的「玄竅」，由此誕生了「嬰兒」自現了「真人」復活了「基督」喚醒了「使者」。

> 至於上帝在靈魂上的顯靈，不必多說，研究這所聖殿的人雖然
> 不少，但是登堂入室的卻是不多。
>
> ——St.Teresa of Avila（1515～1582）

> 新約聖經是為了一些學校與各種層面的人而寫的。在學校裏，
> 每個字眼都加以解釋。新約聖經中的每一句話都有許多意義，這就
> 是為什麼它裏面有如此多我們不瞭解的東西。我們正努力從第一、
> 第二和第三種人的層面進到第四種人所能瞭解的層面；有的人可能
> 正努力進到第五種人的層面，還有另一些人可能正努力進到第六種
> 人的層面等等。他們全都讀新約聖經。因此我們不能期望以自己目
> 前的層面就想要瞭解全部，因為它是以極為巧妙的方式寫成的。曾
> 經有人說它被加上了七個鎖，說得十分正確。人必須找到一把鑰匙，
> 在它的幫助下，才會找到第二把鑰匙，如此遞進。不過，在打開這

所有七個鎖之前，人是不會瞭解新約聖經的。

——鄔斯賓斯基（1878～1947）

而「水滴融入海洋」是「打開後」和「展竅後」，是「博士後」，是「動極生靜」，是「梵我一如」，是「天人合一」，是「至善之地」，也就是「華嚴法界」，和釋道同居的「兜率宮」。

一口吸盡西江水，仔細思量未足奇。

身含無盡之虛空，個事原來非擬議。

非心非佛又較些，即心即佛猶寐語。

——普庵《贊三十六祖頌》

所以啊，這就不是簡單的語法問題了，是「修行文化」中的兩個境界的問題。

就「我」就「本人」而言，一個是「發現」，一個是「消失」；一個是「如來」，一個是「如去」，一個是「一了」，一個是「百了」。

「發現」真我，就是「道自虛無生一氣」；而「消失」說的是識神退位呀。

念頭屬於識神範疇吧，識神退位，萬念皆空。萬念皆空時，豈不忘我也？

規整一下：

「海洋注入水滴」，描述的是「藥鏡」之動態，是「打開本來」，是「我的發現」，是「水鄉鉛只一味」，是「邂逅真人」，是「一了」，是「觀潮」，是「如來」。

子曰「來而不往非禮也。」

「水滴融於海洋」，展示的是「藥鏡」的寂靜，是「去無蹤」，是「吾人消失」，是「坐忘」，是「渾化」，是「天人合一」，是「吾喪我」，是「玩失蹤」，是「百了」，是「汐還」，是「一點落黃庭」，是「恁沉丹田」，是「如去」。

第一次讀到卡比爾的詩文時，還年輕，雖然懵懂未知，但是感覺到了神論的境界。他的老鄉奧修，也很崇拜這位中世紀的前輩。但是，他在講那個卡比爾父子的故事時，大神的發揮，恰好是對他所尊敬的真神的不敬。

卡比爾是沒有問題的：

只有「大海注入一滴水」在先這個因，才有「一滴水融於大海」於後這個果。

已浴大海者，必用百川水。

身到含元殿，不須問長安。

在被印光法師嘖嘖稱讚「可謂最善形容」的古人這幾句中：

「必用百川水」說的就是「海洋注入水滴」；

「已浴大海者」對應著「水滴融於海洋」。

換言之，或簡言之：

寂然不動感而遂通；感而遂通寂然不動。

> 蘊諦根塵空色，都無一法堪言。
>
> 顛倒之見已盡，寂靜之體攸然。

——《悟真篇外集・心經頌》

上溯「海納百川」之源，就到《老子》「江海所以能為百谷王，以其善下也。」

「必用」是經歷、是過程、是用功、是有為，是「尋仙訪道」，是（求證諸）一了。

「已浴」是得道、是落實、是結果，是無為，是「吾喪我」，是（得到了）百了。

換換腦筋，讓它且去慢慢消化。看古裝劇：

> 有李萬卷，白侍郎相引，禮謁大師。李萬卷問師：「教中有言：『須彌納芥子，芥子納須彌。』須彌納芥子，時人不疑；芥子納須彌，莫成妄語？」師卻問：「於國家何藝出身？」抗聲對云：「和尚豈不知弟子萬卷出身？」師云：「公因何誑敕？」公云：「云何誑敕？」師曰：「公四大身若子長大，萬卷何處安著？」李公言下禮謝，而事師焉。

——《祖堂集・歸宗和尚》

白話一下。唐朝江州刺使李渤，有一次問智常禪師：佛經上說「須彌藏芥子，芥子納須彌」，未免太玄妙離奇了，些小芥子，怎麼能裝下好大的一座須彌山？有違常識啊。

智常禪師聽了問：聽說你「讀書破萬卷」，莫非老衲聽說錯了？

李渤說：沒有！沒有！只是，何止啊！

智常禪師：那萬卷現在在哪裏呢？

李渤指著頭腦說：在這裡。

智常禪師說：我看汝之首級，大小不過一瓢耳，不然開瓢以觀之可乎？

李到南宋時還被奚落著：

芥納須彌內，萬卷詩書在。

須彌納芥子，一字也不會。

──普庵《金剛隨機無盡頌·無斷無滅分第二十七》

須彌山是印度人說「大」話時的一個標誌性象徵，佛經中以微不足道之一粒芥子納須彌的比喻，比比皆是。其中，又當以景岑和尚的《須彌納芥子頌》為最佳：

須彌本非有，芥子原來空。

將空納非有，何處不相容？

在丹法上，百川即為海水的源頭，即「先天」即「本來」即「無極」即「虛無」。

所以紫陽真人說「道自虛無生一氣」，也是這個同一「經過」的另外一種描述。

那麼，留一個問題吧，普庵禪師的這一個偈子，又是在描述什麼呢？

千百年前老古錐，鋤山钁圃示箴規。

蛇兒挑起無人會，直截橫拋更勿疑。

──普庵《行住坐臥三十二頌》

「大海注入一滴水」，它在中國丹派中，對應著「一粒粟中藏世界」。釋子曰：「盧陵米價也尋常，一粒破時全體露。」

明月卻相容，獨坐大雄峰。

三身與四智，妙在一塵中。

──普庵《金剛隨機無盡頌·結實分主》

在丹派中與其對應的，「必用百川水」亦即紫陽真人在丹爐裏經「千錘百鍊」奉獻給世人的名句──「道自虛無生一氣」，這段（瞬間的）過程（工夫），就是「大海注入水滴」，就是「海納百川」，就是那個「百姓日用而不知」的「開竅」，就是那個學人「望之彌高卻近在咫尺」的「覺悟」。

呵呵，這個竅一開，「不慮而知，不學而能，所謂良知也。良知之在人心，無間於賢愚，天下古今之所同也。」

通俗地說具體而言，就是在你看到真經時即不假思索地你就知道它講的是什麼，不管換成什麼樣的寓言和語境，你也能與之「心心相印」，何須「五嶽尋仙不辭遠」哉？

看後兩句。含元殿是大明宮的主殿，央視有一個紀錄片《大明宮》，還記

得有一首專門描述這座建築的洋洋灑灑蔚為大觀的《含元殿賦》。「千官望長安、萬國拜含元。」「九天閶闔開宮殿，萬國衣冠拜冕旒。」嗯，王維說的就是它。元者玄也，玄者天也、道也。李唐是奉老為祖的，這名字起得有來歷有講究。它在這裡寓言的，就是那個內含「百川」的「大水滴」——「整個海洋」，具體而言就是「氣穴」、「玄竅」。

如果吾之法身（「元神」）已經穩妥地坐在含元殿裏面了，「隨時隨處，逍遙於莊子無何有之鄉。不識不知，遊戲於如來大寂滅之海」，哪還需要已經退位的「識神」前來饒舌多嘴，問「長安何在」？

　　多身一體少人知，不體無空自執迷。
　　除非妙達斯三昧，個裏圓觀始不疑。
　　　　　　　　　　　　　　——普庵《大眾仰觀》

這時候，你所乘之車、舟，包括長安乃至世界，一切都不知了去向，或者說「遍及一切處」……

你從哪裏來，要到哪裏去，也已經是「一無所知」和「一無所有」了，或者說「無所不有」……

　　十方世界口相吞，不斷圓音說普門。
　　誰有普庵知說處，一個窮人不著褌。
　　　　　　　　　　——普庵《學無學頌一十五首其一》

嘖嘖，看見修行圓滿的境界沒有？「一個窮人不著褌。」

　　七月七日，北阮盛曬衣，皆紗羅錦綺。仲容以竿掛大布犢鼻褌
　　於中庭。人或怪之，答曰「未能免俗，聊復爾耳。」
　　　　　　　　　　　　　　——《世說新語·任誕》

世間法是鬥富，贏家就有做人的尊嚴。修行人是比窮啊，所謂「越窮越光榮。」

一絲不掛，一貧如洗地，只剩下了「清靜無為」、「混沌無知」、「大寂滅之海」，或「一盆漿糊」。呵呵，所以《隋唐》、《說岳》裏，老道們出場，每每總是：「貧道這廂禮過去了。」「陛下莫慌張，貧道救駕來遲也。」所以「智閒禪師一聽，便又作一頌曰：去年貧，未是貧；今年貧，始是貧。去年貧，猶有卓錐之地；今年貧，錐也無。」所以永嘉說「窮釋子，口稱貧，實是身貧道不貧。貧則身常披縷褐，道則心藏無價珍。」

　　狐疑淨盡，正信調直。

一切不留，無可記憶。

——僧璨《信心銘》

所以，印光法師表態了，這句子好哇。

曹溪一滴水，周匝無餘欠。

孤峰絕頂浪滔天，大洋海裏金剛焰。

——普庵《贊三十六祖頌》

有些怪哉的是，大法師既然說了「可謂最善形容者矣。」他卻又看不得，兩位大宗師，以知名的醫家範疇任督二脈，取來做以「形容」呢？

當然，也怪不得法師，只能怪眾生凡夫，四處傳播謠言，已是深入人心、婦孺皆知：有那麼兩根脈管子，連接著一個丹田；有那麼兩股陰陽二氣，循環往復地忽悠忽悠地在巡經運轉。所謂「前三關後三關，通了三關是神仙。」

殊不知是，以二脈乃及百脈者，模擬丹田裏底事，為內藥之法象耳。

換一句話，「虛擬光驅」爾。

或曰，何以知之？過來人言：

舊說謂督脈在脊骨外，而任脈止於上下唇，此二說皆俗醫之妄指，豈知仙家說任督，實親自在脈中所行過，以為證驗，非但行一回也。

——《金仙證論》

與此完全不同的一個風格是，作為至師，他的詩集《卡比爾瓦尼》（Kabirwani）因對神聖道路和宇宙真相的清晰闡釋而獨樹一幟，卡比爾對市井常人說的東西，像對求道者一樣多。他毫不猶豫地，用譬喻的手法和平實的語言，揭示了一些真理，就像《聖經》和《古蘭經》一樣，雖然它在信徒和普通人的理解範圍內，但又卻僅僅為修行人所知曉——唯有他們才能真正理解他的大多數言語的深層含義。

這幾句也是卡比爾的箴言：

When you were born, you cried and the world rejoiced.

Liveyour life so that when you die, the world cries and you rejoice.

我看到的翻譯是：

我們應該這樣度過一生：出生時，我們啼哭，但世界為我們新生命的開始而快樂。死亡時，世界能為我們生命的結束而哭泣，而我們可以為我們有意義的一生而快樂。

這有點像保爾・柯察金同志的語氣，不是卡比爾的心聲。

閱讀他的文字我覺得還是瞭解他的，這位古魯想說的是：

> 假我生時，人們笑，我哭。
>
> 假我死時，人們哭，我笑。

迴避死，也就是迴避生。

人們忌諱死亡，恐懼死亡，所以大家就放棄了對死的思考。

但另一方面，我們又習以為常。

每天打開新聞：高速慘烈追尾，×死×傷；惡劣槍擊事件，造成多人傷亡；××大地震，多人被埋，死傷慘重……

就算沒有新聞，世界上每秒也有 4 人死亡，每天約 35 萬人死亡。

我們像接受日常一樣接受了它，選擇性地沒有想到，死亡就跟在生命身後，如影隨形。「向死而生的意義是，當你無限接近死亡，才能深切體會生的意義。」

在《存在與時間》一書中，海德格爾用理性的極限的推理討論了死的概念：人只要還沒有亡故，就是向死的方向活著。這個存在者的一生貫穿著走向死的整個過程，這個過程是先於亡故的存在形式。在這個向死的過程中，人能真實地感受到自我的強烈存在感，自己在這個向死的過程中「在場」。所以，死的過程與亡的結果相比較，這個向死的過程更本真，更真實。

海德格爾之所以提出「向死而生」這個重大的死亡哲學概念，並不僅僅是因為佛教因緣，他是試圖站在哲學理性思維的高度上，用重「死」的概念來激發他內在「生」的詩意，就像我們中國人所說的：置之死地而後生。因為海德格爾很清楚，以人貪戀欲望滿足的本能力量相比，不在思想上把人逼進絕路，人在精神上是無法覺醒的。一個在精神上無法覺醒的人，他的存在對於這個世界是沒有任何意義和價值的，最多也就是體現了存在者自身在世界這個「大存在」中的「小存在」。

西方哲學看到這一點了，但是它做不到「坐礙反通」。呵呵，你看，這位東方老古魯想死的心也不是一時半會了：

> 死亡，是為了做成，
>
> 我做的是讓我高興的事。
>
> 為何要怕呢？
>
> 是我邀請它來著。

我期待死在，

主的門口，

但願祂不至於問：

誰呀，躺在我的門口？

死亡，

整個世界都知道。

但無人知道死法，

讓那些要死之人死於──

一種不再死去的死法。

這世界害怕死亡──

死亡卻使我滿懷喜樂。

只有經過塵世的死亡，

才能獲得天上的喜樂。

在我死去的那一天，

幸福緊隨其後。

我將見到造物者──

和我坐在一起的人，

一起入定，舞蹈。

　　以上幾首則要地簡注一下：古魯所期待的要「死在主的門口」，對應著紫陽真人的：「但將死戶為生戶，莫執生門號死門。」漢鍾離的「生我之門死我戶，幾個惺惺幾個悟。」那麼，就需要再簡要地注解一下，否則以眾生的習氣，多是向「生殖器官」的方向猜測，那麼請不要猜了：生我者，法身；死我者，色身。死去和活來，是在此一處完成的，曰「門戶」、曰「當下」──即丹派的氣穴、生死竅，佛謂本來。

　　這類似乎模棱兩可甚或「對立」難圓之說，在佛教中也比比皆是。

　　鳩摩羅什的舊版《金剛經》那一句「應如是降伏其心」，在玄奘的新版中成了「應當發起如是之心」。「降伏」與「發起」的不同和結果自是別如雲泥，難道慧眼如炬的大師們視而未見？到底是要降呢還是要發呢？怎麼在不同的譯本中如此地「矛盾」著呢？修行人尚侷限於證量時，是難以領悟的。

　　讓（所謂）比較「重視」命功的丹派詮釋它，這個難以調和的「對立」原來是如此「和諧」與「統一」：

　　蓋死我、降伏的是識神、妄心；生我、發起的是元神、真性。又謂「抽坎填離」、「轉識成智」；也謂「死得其所」、「活在當下」，亦即，「緣起性空」。

　　恍若隔世啊，這是在「造化鼻孔」中「死去活來」之初，最確實的一個心理特徵！可謂「孔德之容唯道是從」、「看山不是山看水不是水」等等。

　　用這些個詞句，替代宗教的「死亡」，或「永生」說，就「接地氣」得多。

　　再換幾個詞，那就是極好得了：淡泊、寧靜。

　　這樣，就把宗教中最具人生之「修養」意義的精髓，提煉出來了，方便於古為今用。

　　當然，並不是說，「燕窩文化」這樣就算被弘揚到了民間：全世界一年只產一兩，而市場上的總銷是一噸。另，在全國人民以喝中華鱉精來強壯一個民族的大潮退去後，一位關門盤存的大企業家說了一個秘密：當年初辦企業時買的那只老鱉，在成功地實現了產業轉型升級時還活得很強壯，他要好好把它供養起來，為之養老送終。

　　能被自己吸收的，才是你的營養。我們讀書、「窮理」，也是一樣。因為我們面對的宗教經典中，有相當一部分飽含金絲燕窩和中華鱉精的趣味。

　　人們在少年時代就聽說過「一滴水只有放進大海裏才永遠不會乾涸」，那時覺得說得真好，人到中年了才知道雷鋒叔叔這句話的來歷。只是他們站的角度不同，一個是德行一個是道行；一個是人與社會，一個是人與自然。兩者是一頁紙的兩面，都是「公而無私」（公者大道，私者自我）的典範，是修行人學習的好榜樣。

　　水滴與大海，也是先哲古聖常用的比喻，比較藝術化。

　　換句比較學術化的偈子：「一即一切，一切即一。」

　　《辭典》彙編：

　　　　指月錄四曰：「三祖僧璨信心銘曰：一即一切，一切即一，但能如是，何慮不畢。」筆削記一曰：「一即一切，一切即一。一入一切，一切入一。互為主伴。」傳心法要下曰：「若能了知心外無境，境外無心，心境無二，一切即一心，心即一切，更無掛礙。」又曰：「一即一切，一切即一，諸佛圓通，更無增減。流入六道，處處皆圓。萬類之中，個個是佛。譬如一團水銀，分散諸處，顆顆皆圓。若不分時，只是一塊。此一即一切，一切即一。種種形貌，喻如屋舍。捨驢屋入人屋，捨人身至天身，乃至聲聞緣覺菩薩佛屋，皆是汝取

捨處。所以有別，本源之性，何得有別？」永嘉禪師云：「一性圓通一切性，一法遍捨一切法，一月普現一切水，一切水月一月攝，諸佛法身入我性，我性同共如來合。」華嚴經第九初發心菩薩功德品曰：「一切中知一，一中知一切。」是為佛教中最究極之說。蓋以萬有之法，在真如法界中，雖現種種之差別相，而其本體中則無絲毫之差別。種種之法，悉為絕對，而與一切法鎔融時，知其一，即知一切。如嘗海水一滴，即能知一切大海水之鹹味也。此妙旨在華嚴天台兩家發揮最多。即約觀法而為一空一切空，一假一切假，一中一切中之說。以一心三觀，示一境三諦之圓理，約觀境而傳一心一切心，一陰一切陰，一境一切境等之幽意。更於諸法上說一塵一切塵，一法一切法，一界一切界，一國土一切國土，一相一切相，一色一切色，一毛孔一切毛孔，一眾生一切眾生，一身一切身，一人一切人，一字一切字，一識一切識等，或約修證迷悟等，使明一斷一切斷，一行一切行，一位一切位，一障一切障，一修一切修，一證一切證，一顯一切顯，一欲一切欲，一魔一切魔，一佛一切佛，一入一切入，一佛一切佛，一智一切智，一理一切理，一究竟一切究竟，一門一切門，一種一切種，一受一切受等。又約破立權實而為一破一切破，一立一切立，一權一切權，一實一切實，等之解釋也。

但是，落實於修行，一與一切，還是有「截然不同」的，如同兩儀合為太極，但「男女」有別；如「寂然不動感而遂通」，「不動」與「遂通」有別……簡而言之：

水滴是一，一是本體、是氣穴，是「真人自出現」、是如來。

大海是一切，一切是萬物、是玄竅，即是「伏羲來」，也是如來藏。

> 真師子法身，究竟無頭尾。
>
> 贈當盲眼人，華空疑不是。
>
> ——普庵《贊三十六祖頌》

《老子》是以「道生一，一生二，二生三，三生萬物」來描述世界的演化順生。

丹派是以攢簇五行、和合四象、三寶結、二物交來總結「反者道之動」。

卡比爾是以「一滴水融於大海」和「大海注入一滴水」作比。

　　這可不是簡單的一正一反的問題啊，完全是得道者對兩個境界的絕妙之說。如果老子和卡比爾坐而論道，噢，還有張伯端也在。您說他們是相談甚歡呢？還是笑而不語？或者一語不發凝視良久各回各家各找各媽？如果那位全印度辯論冠軍、哲學講師正好一旁伺茶，當三個老頭兒談到「天機」的部分，是否會讓他立在門內為未可知。因為他對他的老鄉和先人，理解得還不夠，敬仰得不徹底。

　　印度古魯詩歌中「四分之一秒」也是一句「天機」，對應著東方老仙兒的「一時辰內管丹成」。

　　紫陽真人的再傳高足毗陵禪師薛道光注曰：

　　　　愚者不得真師，卻言藥成於一時，非止用一時辰者，蓋匹夫茫然不知所歸，私意揣度，亦何謬甚。若云非止用一時辰，是將欲以日辰矣，為至簡至易之妙也。此道非人間世上可得聞也，要須大德大善，方許參求。謹按《大丹火記》曰：聖人下工之際，造鉛之初，盜混元一周天之氣，奪三千零七十三萬年正數，聚於乾坤之鼎，會於生殺之合。天地之數奪盡，日月之數奪盡，龍虎之數奪盡，陰陽五行之數奪盡，生成之數奪盡，擒在一時辰中，製造聖丹一粒，大如黍米，其重一斤，至靈至聖，至尊至貴，為天地之元精，作一身之主宰，可謂賊天地，盜陰陽，宇宙在乎手，萬化生乎身。得成至真仙子，賓於上帝。則一時丹成，即其驗也。

　　「玄牝之門」的另一個稱謂是「眾妙之門」。

　　山僧這樣詩意地描述它，這樣的句子是「迷人」的：

　　　　一片白雲橫谷口，幾多歸鳥盡迷巢。

　　如果一個老修行還看不懂這個，神僧的話就不好聽嘍，他會說你有點村：

　　　　何處無雲不是門，藏鋒不露理難論。

　　　　雪峰未盡玄沙意，惹得村人村又村。

　　　　　　　　　　　　　　　　　　　　　　　　——《頌古九十八首》

　　從說文解字的角度去解讀，玄牝之門、眾妙之門，都是女子性器，老子援之以喻「道」之生化，丹派引申為「玄關一竅」。

　　注意，無論是道家的玄牝，還是丹派的門戶——「生我之門死我戶」，他們談的都是已經「抽象」了的「不器之器」。

　　　　玄關透露，真種將產，貴乎知肘。無中生有，真種產出，即其

時也。然又不可太早，急以採之。太早則藥嫩氣微而不靈。也不可太遲，太遲則藥老氣散而不聚。必須不老不嫩，方是採取真時。何謂老？玉洞雙吹已過，陽物興起已衰是也。何謂嫩？一吼氣住，呼吸倒回元海之際是也。

——《大成捷要》

《漢語詞典》的注釋是：道教語，指鼻孔。

俞琰《席上腐談》卷上：「鼻中氣陽時在左，陰時在右，亥子之交，兩鼻俱通。丹家謂玉洞雙開是也。」

「玉洞」又謂隱者的住所。

《見江邊竹》：「金明無異狀，玉洞良在斯。」

《尋賈尊師》：「玉洞秦時客，焚香映綠蘿。」

《誤入桃源》：「人間無路水茫茫，玉洞桃花空自香。」

在內丹道經典中，「玉洞」的異名還有：「玉管」、「玉壺」、「兩孔穴」、「天根月窟」，還有比較著名的「無孔笛」，乃由禪宗援入。田園詩人那一句「長吹無孔笛，時鼓無弦琴」，也被修真之士廣泛點贊。

> 上德無為，不以察求；下德為之，其用不休。上閉則稱有，下閉則稱無。無者以奉上，上有神德居。此兩孔穴法，金氣亦相須。
>
> ——《周易參同契·第二十二章》

> 求道至近，學仙豈難？採玉壺之大藥，煉金液之還丹。探赤水之玄珠，龜蛇吐咽；運西方之至寶，龍虎盤旋。奧自紫府開而海嶠雲生，黃河翻而泥丸浪滾。雖乾坤同體，兌謂鼎器，然鉛汞二物，互為根本。丹源何在？存三要以守一元。金液結成，自九還而周七返。是丹也，恍惚無物；杳冥有精。循八卦分合四象，聚三花分攢五行。味出庚辛，須定志以採取；卦屬艮巽，要知時而旺生。始而煉金液以交媾，終則調玉漿而養成。壺中日月之循環；須明宗祖，身裏夫妻之交合；要識根徑。由是升降之際；當辨君臣；來往之間，仍分主客。凝絕耳韻，調勻鼻息，審藥老嫩，明進退之寸尺；抱一孜專，守雌雄之黑白。望焉飛汞以擒魂，晦則引鉛而制魄。推排符火，卷舒性內之陰陽；呼吸風雲，烹煉身中之炁液。大抵人煉乎氣，須和合於四象，氣純乎陽，自消磨於眾陰。東捉青龍；西捉白虎；北尋玄武；南尋赤禽；惟中宮和會以共處，以土釜封藏而必深。有

動有靜；有氣無質，知吉知凶，知機知心。能釀就自然之酒，慢調成無韻之琴。安排既未之鼎爐，熬成白雪，鼓動乾坤之橐籥，煆作真金。蓋始者金木間隔，孰使交並？金木混融，未歸淘汰。自金井一提，水虎潛伏；迨金鎖一發，火龍相會。是宜滿黃金之鼎，而調味固濟，餌紫金之膏，而凝神閉兌。周流真氣以充盈，出入元神之廣大，火升水降，抽添善了於屯蒙；輻輳輪成，運用默符於否泰，又當知藥物調和，悟者甚易；火候消息，行之恐難！一十月工夫，存渺渺綿綿之息；三萬年氣數，在來來往往之間。所以養丹田之寶，其寶長在；奪丹鼎之珠，此珠復還。既得此超生之訣，常開其生死之關，駕動河車，離塵世尾閭之海；移歸天谷，上崑崙蓬島之山，噫！萬般仙訣，契論歌詩。一竅玄關，精神氣穴。升金門，朝金闕，膺帝詔之召，嚴金相，證金仙，脫聖胎之結，此其餌金液之丹，成金剛之體，而性命雙圓，妙難輕泄。

——白玉蟾《金液還丹賦》

　　知是幾年竿，細察早顱頂。

　　一聲無孔笛，寥寥天地寬。

——普庵《金剛隨機無盡頌·妙行無住分第四》

　　耳目聰明男子身，鴻鈞賦予不為貧。

　　須探月窟方知物，未躡天根豈識人？

　　乾遇巽時觀月窟，地逢雷處看天根。

　　天根月窟閒來往，三十六宮都是春。

——邵雍《觀物吟》

　　（是竅）上通絳宮而透泥丸，下接丹田而致黃泉，上徹下空，而黃道中通焉。此即聚藥物之聖地也。

——《金丹正宗》

　　丹家有一穴，一穴有兩孔。空其中，而竅其兩端，故稱為兩孔穴。師所傳「口對口，竅對竅」者，即此境界也。為任督交合之地，陰陽交會之所，烏兔往來之鄉。一穴兩孔，其中有作為之法，此法最玄玄也。

——《道竅談·第二十二章》

尤其是丹家西派的祖師涵虛李真人，把佛經中的「無孔笛最難吹」，分明說透矣。

學者就勿要在此處再想入非非想了，不僅是耽誤瞌睡，也自誤慧命，更是毀三觀、敗人倫……

> 但有先天之炁者，則我之經絡自能通應。而又有後天之氣鼓舞，安有上下中間不應之理乎。可見先天，後天，上下，中間皆主乎其機也。若是無其機，焉得應之。故太初古佛云：一片東兮一片西，兩頭動處幾人知？出有入無真造化，神氣相交透祖機。

> ——《金仙證論》

凡「無孔笛兩頭吹」、「玉管雙吹」，「天根月窟閒來往」者，皆描繪開關展竅之際（或之後）的修真《內經圖》：

神氣真息來往於「天根」、「月窟」，泥丸與陰蹻的上下互動和反應……

雖說兩邊，實一「中庸」，所謂「乾坤共合成」，所謂「黃庭一路」……

一言蔽之，玄關上通泥丸，下達湧泉……

有學者問了，何以「口」有一雙？「竅」兼兩枚？

高人既然不想說透：「分兩有數，因而相循。故為亂辭，孔竅其門。智者審思，用意參焉。」

愚人也只能給點到為止，你且去參修，才是正道：「其門高五丈，闊四尺，有門兩扇，一開一闔……」

五丈高四尺寬的門，塵世上你找不到，這兩句「故為亂辭」，是悟元子的障眼法。

修行人應該參悟的，是這兩句：「有門兩扇，一開一闔。」

同樣，「口對口」者，一呼一息；「竅對竅」者，一現一隱。

哎，所謂兩樣，其實，一門、一口、一竅耳。

噫，分明就是寫意「胎息」啊。

把宋元之後的「內丹道」，換回它在隋唐時的名稱「胎息法」，你再不去著那「一粒」之相了。

還是老子說得妙，「天地之間其猶橐籥乎？」

所以，讀經，還得讀，群經之首。

如果說「玉「乃道家的標誌，那「洞」窟則兩教共處。

> 心空行亦純，轉不退機輪。

鄉關無異路，花發洞中春。

　　　　　　——普庵《金剛隨機無盡頌·離相寂滅分第十四》

把這個「洞」窟再置換個神「殿」來，還會麼？

　　僧問趙州：「如何是佛？」州曰：「殿裏底！」曰：「殿裏者豈不
　　是泥龕像？」州曰：「是。」曰：「我不問這個佛！」州曰：「你問那
　　個佛？」曰：「真佛！」州曰：「殿裏底。」

讓丹派來解釋「殿裏底」，不是「洞賓」又是誰？

他的那位仙友鐵拐李，不住山「洞」，他喜歡住在葫蘆裏，呵呵。

　　靈苗種子產先天，蒂固根深理自然。

　　逐日奎培坤位土，依時澆灌坎中泉。

　　花開白玉光而瑩，子結黃金圓且堅。

　　成就頂門開一竅，個中別是一乾坤。

　　　　　　　　　　　　　　　　　——瑩蟾子《詠葫蘆》

或又在翻玩丹經時，被一塊「乾汞」拍得腦袋一片空白：

「一塊乾汞人服之永不死矣。」《大成捷要》這一句大話，不知古往今來，
迷倒多少博士學者，英雄好漢。

魏伯陽們發現：煉製外丹時，出自「上品」朱砂（HgS）的那個液態金屬
汞——「太陽流珠」——在《神農本草經》列為「中品」藥者，它有「熔化還
復為丹」的「神奇」。

然後，這個有「金公」——「鉛」主持、參與的化合反應的結果就是：紅
鉛、靈砂，即以 HgO 為主的合金。

汞由鉛伏，心因炁定；氣定神閒，心寬體胖。

於是，內丹家們「借題發揮」了：

　　子野曰：求鉛伏汞之法，要在調和，使無太過不及之患，大過
　　則恐傷彼，不及恐不結丹。大小者，言陰陽也，《易》曰：大往小來。
　　蟾光照西川，水中有金也。

　　　　　　　　　　　　　　　　——《紫陽真人悟真篇三注》

　　須候月之明圓，其鉛花自然露見，下手擒龍捉虎，採彼先天一
　　點真鉛，吞入腹中，能乾我汞。

　　　　　　　　　　　　　　　　——《玄要篇自序》

　　鉛汞交歸真土，仍從竅內發出先天真鉛，謂之藥產；凡道汞去

投鉛，仙道鉛來投汞。」《主旨》云：逐日如此交媾，如此抽添，汞漸多，鉛漸少，久則鉛將盡、汞亦乾，結成一顆摩尼，是為金液大還丹也。

──《性命要旨》

這個解藥的引子還得靠「說文解字」：

「乾」雖然常和「坤」字組詞成「乾坤」，象徵天地、陰陽等。

但「乾」字本身還是現代簡體字「干」的繁體。乾汞在外丹術中是固體，就是液態汞在化合反應而成的 HgO 合金──「太陽流珠」（內丹謂心）由此而得「固定」。

所以凡丹經所見諸如「乾得外汞」，乃即煉「幹」之意，如今學者已多不識，只其一字之差，已謬以千里矣：

嬰兒現相，金光罩體，現出天地日月、龜蛇龍虎，皆是鉛汞餘氣結成護法神將。到此地位，口中才乾得外汞，又能使乾汞化為紫赤金，而為住世之寶。再來之六個月，體是銀膏，血化白漿，渾身香氣襲人，口中出氣成雲。此是煉丹成熟，一塊乾汞，人服之永不死矣。

──《大成捷要·返還證驗說》

道光曰：凡鉛者，即後天生滓之物。真鉛者，即真一之氣。人之精氣日逐飛散，無由凝聚以結聖胎。聖人煉真鉛，取而伏之，凝結成砂，日逐運火，漸漸添汞，汞氣漸多，鉛氣漸散，添汞減鉛，真妙如此。十月火足，六百卦終，鉛氣飛浮，只留得一味乾水銀。鉛盡汞乾，化為金液大丹，體變純陽，與天齊壽。學者問道至此則知師恩難報，當盟心於天日之下，誓當成道，以答師恩。若負師恩，如負天日也。

──《悟真篇三注》

而下面這一段，「乾」又非「乾」意，而回歸乾的純粹本義矣──即上段之「紫赤金」，即下段之「陰盡陽純」：

生死輪迴，皆是一念耳。其初非息火猛烹急煉，而乾金不能出礦，其繼非神火綿密溫養，而金不能變化。四大威儀一空所有，時時返照，刻刻內觀，火候到時，自然性月當空，則陰盡陽純矣。

──《大成捷要·呼吸蟄藏大周天》

古人有以圖示言理的傳統。

看《易圖明辯》，乾為天為大為健，先天第一，天干位九，一九者數之極物之始陽之純也。五行金為四，故曰一四九，曰乾金。

那麼，紫陽真人的契歌，旨趣已經是呼之欲出了：

「北一西方四共之」者，何也？自己悟吧。呵呵。

在實踐中，修行人在乾（干）得外汞之前，在初步識得「金公」（合成「鉛」字）之際，識神主事的局面就打破了。

你會感覺到：心事明顯得少了；思想明顯得「廢」了。

讓孫不二說，比較婉約：

> 小春天氣暖風賒，日照江南處士家。
>
> 催得臘梅先逆蕊，素心人對素心花。

只是由於「習慣」勢力，它還會時常地捲土重來。

所以老子還要「損之又損以至於無為」六組還要和光同塵做其「保任」。

這時，這些經典詞句中的「精神」內涵，修行人已經自知自明矣：

> 眾人熙熙，如享太牢，如春登臺。我獨泊兮，其未兆，如嬰兒之未孩；儽儽兮，若無所歸。眾人皆有餘，而我獨若遺。我愚人之心也哉！俗人昭昭，我獨昏昏。俗人察察，我獨悶悶。忽兮其若海，飄兮若無止。眾人皆有以，而我獨頑似鄙。我獨異於人，而貴食母。

「母」者，炁也，非氣也。

這時候，你就不需要老師了，「道法自然」耳。

讓莊子說：

> 中央之帝為混沌。
>
> 異哉，象罔乃可以得之乎？

怪哉，那麼多大聰明都弄不成的事，這個稀裏糊塗的「象罔」，他是怎麼弄的啊？

所以學子切切勿要在身體上找此「竅」彼「洞」那「葫蘆」，或者「琉璃殿」裏的一塊「乾汞」，那將如同緣木求魚。

黃帝是把玄珠丟在外面了，你得在「外面」在找，不能在身上找！

凡得西派全訣和茅山上清派真傳的弟子，都知道這裡的「外面」是什麼意思。

西派宗師體真山人汪東亭，對「外面」頗多妙論，把他著作中的要語摘來

一些你看：

真爐鼎即是心息相依，要放在外面，一著色身，即非真也。

捨此色身，定在外面，一毫不著即為殺生。殺生即心死也。心死則神活。大死則大活。

陽一生，不可轉念，合自然之符，即去外面相依。要自然，要一刀兩斷，多少快心，多少神速！若斬首稍遲，生起疑之心，即不能砍，蓋刀不能下去矣。陽生亦然。外陽一舉，急往外邊去依息，一刀兩段，不留餘情。少轉念，少轉遲就壞了。總之，要做成自然，方生巧妙耳。

起初須微知息之出入，在外面虛空中，片刻之久，即可放下順他去。若有雜念來，你再依，依片刻，再把心放下，自然心靜而得沖和之效矣。苟或不化，不知放下，硬隨他去，往往做成以心逐息，就壞了。得全訣者，真是千古一遇。富貴功名，有錢辦得到。只這種事，富貴是用得嗎？閻王何曾拖人，人卻自送進去取死。哀哉。

懂得外邊一著，把神放在外面，不是真空，亦不是頑空。若懂得心息相依在外邊，呼吸斷絕，氣息大定，內外寂靜，然身心不動，那就是真空了。一到真空，就有造化，外邊真陽就到你身上，抱你的法身，養你的色身。這一刻工夫，是了不起的。何況你時時刻刻無不在真空之中，雖欲不仙，其可得乎？師又歎曰：外邊學道的如牛毛，盡在色身上瞎幹，要真正明得真空一著的，猶如兔角。

十二時中工夫，凡有陽生，皆是先天，皆可採取。你一知，自然地心息在外面定住，數十息之後，又入恍惚杳冥之鄉了。如或又有陽生，一得知，我心不動，自然又在外邊相依也。不要等你數十呼吸，只要一二呼吸，陽物頓時下垂。你又依，呼吸斷絕，泰然大定，不識不知，混混沌沌，無人無我，忘物忘形，像一個活死人。總要天天做，不到一個月，各種效驗都來了。真快！《參同契》曰：「立竿見影，呼谷傳聲」，一毫不錯。然有最要一句言語，你總要去做，方能得如此效驗。你不做工，萬年還是這麼樣，空談沒有用的。所以白玉蟾云：「要君親吃雲門餅，莫只垂涎說畢羅。」

初次做到陽生，總期於不著色身，急至外面為貴。又曰：你只要一念不轉，速即離開色身，向外心息相依，包你無事。陽倒不倒，

不可去管他；色身上景象，絲毫不可著也。

　　初做心息相依，各家丹書均有發明，唯獨《西遊記》以金箍棒放在耳朵內一象為最好。即是以耳聽息也。此種無非入門之權法，真正工夫不過使我之神氣放在外面去和合也。

　　要以恍惚杳冥為主人翁，以定為主人翁，以糊塗為主人翁，以忘我忘人為主人翁。故老子云：「復歸於樸」，「復歸於無極」，「復歸於嬰兒」，「我獨昏昏」，「我獨悶悶」，「泊兮其未兆」，總之，做成了一個活死人。

　　先天炁到，速即至外面相依。陽爐玄竅，只是一個虛空，配合得巧，色身內自然玄珠呈象矣。故曰：「龍虎交合時，寶鼎產玄珠」，是即結丹之喻。

　　工夫盡在法身上做，效驗盡在色身邊見。外面是命功，由勉強而做到自然，則色身上自然而然有變化效驗，謂之性理。性理者，不容你去管他，無作無為之自然也。外面所以稱命者，一切法度，如起火止火，調藥配合，盡在外面施行，乃有作有為之自然也。

　　做工夫，總要到陽生方算見了些效驗。此後做工，愈做愈純熟，愈做愈自然。逢到陽生，你就到外面去依，乃至不須你心煩，他一生，你一覺，心息自然會定在外面，恰恰合巧，方為合法。

　　務要在外心息相依，依到恍惚杳冥混沌，泰然大定，於是定中，若有陽動，速走外面一著，則得之也。

　　但有道者，皆不露圭角，凡無慧眼，將何由而識？所以真師是難求到的。師首肯之。既而又曰：你等既知外面虛空一著，以後如遇師，即胸有把握，再不為盲師所誘矣。你要知古來成道的，大半不是一個老師傳授。即如純陽翁，是施胡浮、馬自然、鍾離正陽三師所傳。當時遇到，也不過得了一個口訣，鍾離翁又未全傳他。又曰：凡是只執著色身做工夫的，盡是旁門外道。

　　神既定在外面，離此色身，全然不著，即是純粹先天。空中真陽時時來會，法身漸長漸靈，久久能離定獨立，能出神，妙矣。

　　心息相依在外面，即是外玄關。玄關者，至玄妙之機關也。柯懷經曰：玄關本待神氣交而後有，此語說得最好。蓋神氣一合，便成玄關。若平時心息不相依，則神氣亦不合，即無有玄關也。

出家一象也。身為神之舍，在後天色身上摸索，終非大道。故必離此身而放到虛空中去涵養。神離色身而定在外面，即是真出家也。

如有一分酥軟，一覺得，速即往外邊去依。有一分跳動，一覺得，亦即向外面去依。及至靜而又靜，呼吸漸漸細微，色身漸漸酥軟。靜中如覺色身各處跳動，我還是向外相依。須做成自然習慣。凡色身內外有何動靜，不論鉅細，我一得知，不必動意，自然地一心往外面去依息則善矣。色身上酥軟處，愈做愈酥軟。呼吸愈做愈微，直至斷絕無出入，即是神定在外面虛空中，即是天心。斯時若外陽有一絲一毫一忽之舉動，你即向外心息相依。蓋神氣既合為一，則靜亦一，動亦一。靜則同靜，動則同動。故外陽舉時，神亦知。陽一動，神亦一動，氣亦由靜而動矣，故口鼻即刻有呼吸，我則速往外面，使神氣又合為一。神覺之際，心氣即離，而施諸口鼻。此係神氣合一，神動氣亦動，神靜氣亦靜，故外陽自然而倒，你不須管他。依依又漸酥軟恍惚，依而至定，定中外陽又舉，你又去外面相依。依依又漸漸又定。天天如此做去，直至外陽生時我意不動，心自然去外面依息，即是熟巧。蓋此時神已靈了，他自然會去依，不須命令他。你只要抱個定字為主宰，大周天亦好，小周天亦好，色身一毫知覺，就去外面相依。工夫愈深，定得愈久。要做到定中陽生時與不覺一般，他生他的，我定我的，寂然如故不動，則陽關漸漸閉矣。直至定中外陽無絲毫舉動，即陰精化盡矣，是名還童。

丹派是「形而上學」，是立足於唯物主義陣營中辦的唯心主義的差，它貴乎先天大道，不論後天色身上的臟腑、功能。釋子曰：

一條楖栗杖，兩頭光晃晃。

打破須彌山，掛在眉頭上。

——普庵《金剛隨機無盡頌·非說所說分第二十一》

等等，你是否明白了，那「無孔笛」和這「禪杖」，啥子關係？

還有，那一株「庭前柏樹子」，等等、等等，啥子關係塞？

師上堂謂眾曰：「此事的，沒量大人，出這裡不得。老僧到溈山，僧問：『如何是祖師西來意？』溈山云：『與我將床子來。』若是宗師，須以本分事接人始得。」時有僧問：「如何是祖師西來意？」師

　　云：「庭前柏樹子。」學云：「和尚莫將境示人。」師云：「我不將境
　　示人。」云：「如何是祖師西來意？」師云：「庭前柏樹子。」

「釋尊成道已，起金剛座，觀菩提樹也。」

對應著丹派，有三豐祖師著名的道情詩。

對比一下，佛經的特點就是凸顯出來了，它實在是太「直白」和「簡單」
嘍。

但是，「知之非難，行之不易」，修到這一步，就不是說得那麼簡單了。

　　無根樹者，指人身之鉛氣也。丹家於虛無境內養出根株，先天
　後天，都自無中生有。故曰說到無根卻有根也。煉後天者須要入無
　求有，然後以有投無；煉先天者，又要以有入無，然後自無返有，
　修煉根蒂，如是而已。二十四首，皆勸人無根樹下細玩仙花，其藥
　物氣候採取之妙，備載其中，此道情之不朽者也。

　　　　　　　　　　　　　　　　　　　　　　——《無根樹·序》

把這段禪宗公案改編成室內劇吧，便於「參觀」：

大唐趙州觀音院

古柏森森，枝搖條拽。

法堂上，趙州禪師對僧眾說：禪（明心見性）是真實不虛，即使大根機人
也不能沒有證量憑空地就超然於其外。當年，老衲我參訪溈山禪師，有學僧問
他：「如何是祖師西來意？」溈山說：「切，把禪床給我搬過來。」如果是真明
白人，就應該以本身份內之事接引人才可以，是吧？

這時有學僧問：是啊師父，那如何是祖師西來意呢？

趙州和顏悅色曰：庭前柏樹子。

學僧追問：師父我讀書少，你不要用境界開示來人。還是請用大白話講明
白，如何是祖師西來意吧。

趙州正色道：好，我不拿物境示人。

學僧再問：如何是祖師西來意？

趙州「一擲千金」地答覆：庭前柏樹子。

畫外音：庭前與眼前，有區別嗎？

禪宗公案有一個基礎在，就是對機。

多好的根器，多好的玉石，都需要經過一些「琢磨」。

在對方還侷限於「證量」時，比如上面的這種情景，老和尚的「啟發」是

沒有任何用處的。

這就像《生理衛生》的課程不會設在小學的課堂一樣。

這齣戲還有續集，自己悟吧，呵呵。

問：那柏樹子有佛性嗎？

師曰：有的。

問：幾時成佛？

師曰：待虛空落地時。

曰：虛空幾時落地？

師曰：待柏樹子成佛時。

「庭前柏子非相戲」，看，內行看門道，普庵禪師也在圍觀歷史劇。

呵呵，近來香火不錯，看，神僧手持的「柳栗杖」換了，「降龍缽，解虎錫，兩鈷金環鳴歷歷。不是標形虛事持，如來寶杖親蹤跡。」這不是永嘉大師的「如來寶杖」嗎？

呂祖聞其「道」，而知「上天梯」，勤而行之……

如果你走過，不管老子是「橫」著鋪的「道」，還是被呂祖「豎」起來的「梯」，任其怎麼擺放，如何比象，你都認得。

而世人讀經的困難，就在於他沒有走過，所以無不被種種形象、設喻，引入十萬大山……

如果老子當年「強名之」為「梯」，那現在的「道教」就得換稱呼了吧。

話再說下去，就沒有「留白」了。自且參證：

釋迦牟尼覺悟成道後，起座向北，繞樹而行……

> 宿乎世尊之樹下。蓋樹下者，即丹田淨土也。昔日世尊修煉在
> 於菩提樹下入定，即此處矣。

——《金仙證論》

世間法有句話：吃什麼並不重要，重要的是看跟誰吃。

拿來喻言一下先天道情吧：怎麼個坐法不重要，重要的是你坐在哪兒了。

或者：提的什麼並不重要，重要的是誰提的。

> 如來寶杖親蹤跡，莫比世間閒戲劇。
> 有時喚作沒弦琴，忽然又道無孔笛。

——普庵《頌證道歌》

> 妙用恒沙也無極，豈客參方來同詰。

何勞舉指與言詮，杖頭一眼明如日。

——普庵《頌證道歌》

這神僧氣宇軒昂，腰板倍直，原來有這樣「一條脊骨純金打，傳與人間蔭子孫」啊。

一條脊骨練純剛，撐天拄地更無二。

這光明，全體是，充滿山河崇富貴。

——普庵《因道友說陳搏打睡警之》

仔細瞧塞，哪裏有人？

分明就一根雲中竹嘛。

霜凌溪竹寒，雲外疊峰巒。

誰人知此意，獨坐且深觀。

——普庵《金剛隨機無盡頌·妙行無住分第四》

亦無人，亦無佛，廣大樓臺彌勒宅。

豁開門戶接群生，一念無心全用得。

——普庵《頌證道歌》

噫——

從「萬卷丹經語總同」，到「禪言難後到詩言」，可謂「南宗北祖皆如此」矣。

古今道由一，對談吐所謀。子得一，萬事畢。大哉一乎，其千經萬論之原，千變萬化之祖乎，信矣哉。天下無二道，聖人無二心，而萬卷仙經語總同，金丹即此是根宗也。學者加勉力，留念深思惟。至要言甚露，昭昭不我欺。

——《周易參同契發揮》

古人有言：得其一，萬事畢。噫！誠哉是言也。此吾所以刻丹經之繁蕪，標紫書之樞要，蓋為是也。一也者，金丹之基也。實千經萬論之原，千變萬化之祖也。……非知造化之深者，莫克知陰陽之義，如是其秘也。一陰一陽之謂道，道即金丹也，金丹即是也。……得一可以畢萬，故作丹經歸一論，以付學者白玉蟾。

——陳楠《翠虛篇》

內丹道的通達透徹，也就意味著，佛經地徹底敞開：

禪，不再是「丈二和尚摸不著頭腦」，也不再是「口頭禪」。

在這個小品裏，你就找到了紫陽真人的視野，「遂玩佛書」一覽無遺。

一個閒身穿破屋，風吹雨滴轉光明。

燈籠露柱時時舉，只道以平報不平。

琉璃殿上鞭金馬，追風不及三腳驢。

——普庵《破屋頌示眾》

琉璃殿上，古佛舒光。

明月堂前，雲華布影。

不用南詢彌勒，何須東覓文殊。

華藏門開，任君瞻仰。

或舒或卷，塵塵普現色身。

或放或收，處處毗盧境界。

不舒不卷，寂爾無根。

不放不收，是真常在。

絲毫無礙，統攝聖凡。

自利兼他，古今不墜。

夜半不須敲玉戶，天明鳳子笑銜花。

——道寧《偈六十九首》

普庵的另一首點讚大顛的偈子，與那根「無孔笛」那柄「柳栗杖」這座「琉璃殿」相比較，頌的雖是一回事，但多了些詩意和道情：

直指人心親見佛，何勞打瓦作龜爻。

一片白雲橫谷口，幾多歸鳥盡迷巢。

他還有一首《頌石頭和尚草庵歌》，會麼？

庵雖小，寂寂寥寥勿邊表。

於中獨有一天真，透色融聲常皎皎。

當年在讀普庵禪師的《證道歌》，潸然淚下。

蓋踴躍之情，不能自己。

修道學法，二十餘年的疑團，一朝散盡。

南宋高僧把「家底」說得也分明：

其杖也其琴也其笛其琉璃殿其乾汞一塊或白雲谷口茅草庵，乃至「庭前柏樹子」者，萬說歸一。

「一」者何也，就是那個古謂萬古不泄之亙古天機，道曰「得一萬事畢」

者。三祖曰：

> 一即一切，一切即一。
>
> 但能如是，何慮不畢。
>
> 信心不二，不二信心。
>
> 言語道斷，非去來今。

——《信心銘》

佛教之譬喻，對應著內丹一派的「中黃」、「上天梯」，還有那句被「地獄種子」望文生義得烏七八糟的「口對口竅對竅」……

> 世人不知理，三峰採戰行，也有說三關，也有入爐臨，又以口對口，醜穢不堪聽。一切有為法，俱是地獄人。注：世人不達玄理見，丹經有「口對口，竅對竅，莫厭穢，莫計較」之言，便猜為女鼎，行三峰採戰，九淺一深之法，美其名曰，彭祖房中術。又有說三關，後上前下；更有閨丹御女，臨爐食穢，以口對口。醜穢不堪。一切旁門，如此穢惡。要皆地獄種子，無法可救。真師難遇，真訣難得。有志者，宜勤積德可也。

——《呂祖百句章傅金銓注》

有些章句，本不想說解了。

窮理盡性、鑽研玄機，猶如淘盡沙河，方得真金一粒，其辛苦唯有自知。

每每說起時，又忽然惻隱心起：

多少好道如我者，殫精竭慮多少多年，尚不知道為何物路在何方。

縱然無數好道之士日夜不息小火慢燉，「心靈雞湯」還是嘴上道德、資談之料爾。

見者且珍惜吧。

那時我限於證量，一時也難以明白。待驀然回首時：

> 千峰消積雪，岩溜聲清激。
>
> 回首睹梅開，疑是梅花裂。

——普庵《金剛隨機無盡頌‧離相寂滅分第十四》

3

開關展竅之際，還有一個句子也是容易引起歧解的，「生我之門死我戶，幾個惺惺幾個悟？」

此「門戶」就是玄關、生死竅，不僅世人，包括學者，也常做陰戶去解。丹經，尤其是出自真修實證的真經，斷無涉及色身上的「對象」或「附件」者。

就像老子或用玄牝來寓言「大道」，但是，那位世界排名一的哲學家，他不會給你講生理衛生這些的，呵呵，想想他的年齡，他的智慧，他的世界，他的思想規模吧，哦呵呵。

如此詮釋金丹大道、上品丹經，這是要把先人探索宇宙真理的規格，擺放在了什麼層面上了呢？一句話，金丹大道是「形而上去」，它研究的重點，不在人類的生殖器上，好道之士，切莫浪費寶貴的人生了。

前一個「生我」是元神、真人，即「道自虛無生一氣」，佛經中也能找到不少它的別名：意生身、中陰身、如來、法身，最簡明易懂的就是「身外身」了；後一個「死我」是識神、色身，再具體落實下去，特指呼吸。

夫宋人所謂「玄關」者，唐代謂之「胎息」，同出而異名。老氏謂之「玄牝谷神」、「天地之根」。但當此際，「眾妙之門」豁然而開，如「青冥浩蕩不見底」，浩然之氣氤氳升起……其開合也自動，呼吸則似不由自主……忽然緊促焉，驟然而止焉，丹經所謂「闔闢之機一停，呼吸之氣立斷，噫，生死機關，迅何如也？」

> 半夜尋幽上四明，手攀松桂觸雲行。
>
> 相呼已到無人境，何處玉簫吹一聲？
>
> ──施肩吾《同諸隱者夜登四明山》

外息若有，外息若無，驟然停止。

這個層層遞進是不受意識的控制。外呼吸未止前就是「有為法」。

一旦找到了，就像學騎車一樣，你就很自然地記住那個感覺，以後神意一守，它就到了。

大腦的「記憶」能力也是非凡的，就其本能而言，好的不好的，往往是不加選擇地記憶。

尤其是對較大的「刺激」，記憶刻骨銘心，這也就是所謂「一得永得」。

而對那些不好的「刺激」留下記憶痕跡的不斷琢磨，就是老子的「損之又損」之道，佛法對應的是「除習氣」了。

胎息是瞬間開啟的，眼前現光，周身震動，泥丸「爆炸」，身體「粉碎」，等等，「此情可待成追憶，只是當時已惘然。」有沒有口鼻呼吸不知道，在吾人的感覺上，呼吸是瞬間暫停了。從此以後，可以很容易地找到這個狀態，幾

個調息呼吸就進入了胎息狀態。凡息有出有入，胎息亦有出有入；凡息之出入為氣，胎息之出入為神。凡息之出入者曰鼻端，胎息之出入者曰虛空。這就是「昔日遇師親口訣，只教凝神入炁穴」的第二個境界，用莊子的話說就是「以神遇而不以目視，官知止而神欲行。」

　　《悟真篇》所言之「真種子」何也？

　　　　蓋精氣神三者，合一而言之也。苟缺其一，則非真矣。即所謂「三家相見結嬰兒」之義也。

　　　　　　　　　　　　　　　　　　　　　　　　　　——《丹道發微》

　　後天息住，先天氣接，玄關竅開而真種產，此皆剎那間的事兒。

　　天上之寶已落吾身，是謂「盜天機」，亦謂一炁「附體」，亦謂一靈「投胎」。

　　至此，身心就有了質變，「煉精化氣」結束，「煉氣化神」開始。

　　由靜而能定——「洞中方一日，世上已千年」矣。

　　洞者，玄竅。

　　《抱朴子》稱「得胎息者，能不以鼻口噓吸，如在胞胎之中，則道成矣。」葛仙翁言過其實了。其操作方法，也遭遇了司馬承禎的批駁：「若抑塞鼻口，擬習胎息，殊無此理。」

　　丹經謂「這回大死今方活」，佛說「證生死」又說「呼吸之間」。學者遂多以「玉洞」謂「鼻孔」矣。

　　古代高道大德，不是「進則儒退則道」，就是英雄回首學神仙的一流人物，所以遣詞造句，頗有講究，你看：

　　　　月窟與天根，中間來往頻。

　　　　所居皆綽綽，何往不伸伸。

　　　　投足自有定，滿懷都是春。

　　　　若無詩與酒，又似太癡人。

4

　　Arnold 和 Guillaume 編撰的《伊斯蘭的遺產》有一段話：「回顧歷史，我們可以這樣講，伊斯蘭（醫學與）科學映像著希臘的光芒，當希臘科學的白晝流逝，伊斯蘭（醫學與）科學的光輝猶如月亮，照耀著中世紀歐洲最黑暗的夜晚……因為伊斯蘭（醫學與）科學指引或引導了那場偉大的運動（文藝復興），所以我們有理由宣稱這種文明依然與我們同在。」

所以在研究中國科學史期間，我讀過大量的伊斯蘭文化史料。

Lal Ded（1320～1392），一位被克什米爾人敬重和愛戴的聖人，按西方的說法，她經歷過「渾化」。

這位女修的短詩，試著翻譯幾篇，各位見仁見智吧：

> I, Lalla, willingly entered through the garden-gate,
>
> There, O Joy! I found Siva united with Sakti;
>
> There and then I got absorbed drinking at the Lake of Nectar.
>
> Immune to harm am I, dead as I am to the world, though still alive.

> 我，拉拉，以虔誠之心推開了「眾妙之門」，
>
> 噢──淚如泉湧。
>
> 穿越濕婆與薩克蒂的洞房，
>
> 眼前，是花蜜之湖，我暢飲了天上的甘露。
>
> 由此獲得了免疫──
>
> 縱然肉身死亡，靈魂不死。

> For ever we come, for ever we go;
>
> For ever, day and night, we are on the move.
>
> Whence we come, thither we go,
>
> For ever in the round of birth and death,
>
> From nothingness to nothingness.
>
> But sure, a mystery here abides,
>
> A Something is there for us to know.

> 人來，人往。
>
> 白天，黑夜。
>
> 永無休止。
>
> 人從何處來，人到何方去？
>
> 永遠在生和死的輪迴中，
>
> 從虛無到虛無。
>
> 但肯定的是，這裡藏著一個謎，
>
> 一個等待人們揭開的謎。

> Whence I have come and by which way,

I do not know.

Wither I shall go and by which way,

I do not know.

Were I to know the end of it all

And gain the knowledge of the truth,

(it would be well, for otherwise)

Life here is but an empty breath.

我從哪裏來，經由哪條路，

我不知道。

我向何處去，通過哪條道，

我不知道。

我要知道這一切終結，

獲得對真理的認識。

眼前的一切，

不過是一聲虛無的歎息。

In your mother's womb you vowed

not to be born again.

When will you recall the vow?

And die, even while alive

Great honor will be yours in this life and greater honor after death.

你在母親的子宮裏發誓

不再降生。

你還記得這個誓言嗎？

死後，依然活著，

這將是你生前莫大的榮耀，

和死後的更大榮耀。

Patience to endure lightning and thunder,

Patience to face darkness at noon,

Patience to go through a grinding-mill ——

Be patient whatever befalls, doubting not

That He will surely come to you.

耐心忍受雷鳴和電閃，

中午耐心面對黑夜，

耐心忍受研磨——

不管發生什麼，要有耐心，不要懷疑

祂肯定會來找你。

It is easy to read and to recite;

It is hard to practice what one reads,

And, reading seek out the Self within.

By constant practice, not by books,

Conviction grew in my heart

Of God, Who is Consciousness-Bliss.

閱讀和背書是容易的，

把讀來的去實踐很難，

閱讀中尋找自我。

還要通過不斷的練習，祂不在書裏。

信念滋生於吾心

祂是幸福的所在。

Why do you grope thus like the blind?

Pray, doubt not what I say to you:

If you are wise, enter within

And see the Lord Himself is there.

You need not search Him here and there.

為什麼你像盲人一樣摸索？

祈禱吧，別懷疑我的耳語：

如果你是有心人，關注你的心

看看，主祂自己就在那

你無需到處找祂。

I searched for my Self

Until I grew weary,

But no one, I know now,

Reaches the hidden knowledge

By means of effort.

Then, absorbed in "Thou art This,"

I found the place of Wine.

There all the jars are filled,

But no one is left to drink.

我尋找自我，

找到疲倦。

但是現在我知道，沒有誰，

到達這隱秘之域。

然而，堅持不懈，

專注於「自我的藝術」，

我發現了葡萄酒窖。

那裡所有的瓶子都是滿的，

就是沒有人留下來飲。

When my mind was cleansed of impurities, like a mirror of its dust and dirt,

I recognized the Self in me:

When I saw Him dwelling in me,

I realized that He was the Everything and I was nothing.

當我心靈的雜質清潔了，

如同一面鏡子的灰塵和污垢洗淨

我認出了我的真身

當我看到祂存在於我中

我覺悟了：祂是一切，和

我什麼都不是

十九、不識玄中顛倒顛
爭知火裏好栽蓮

不識玄中顛倒顛，爭知火裏好栽蓮。

牽將白虎歸家養，產個明珠似月圓。

謾守藥爐看火候，但安神息任天然。

群陰剝盡丹成熟，跳出樊籠壽萬年。

——《悟真篇》七言四韻第十二

《落座之地》

吾友！何必出外賞花

何苦費事冶遊？

在你的身體中，就有蓮花朵朵

其中一朵千葉蓮，是你的美妙蓮座！

安坐其上，你將瞥見：

美哉——

在內，也在外，

在前，也在後。

《顛倒人生》

夜晚你沉睡，

白天則引來送往。

不幸的人啊！你在耗費掉生命的精華。

終有一天你會死，或許就是明天。

墳墓將長滿青草，朋友會忘記你。

趕快尋找你的靈魂吧！

私生的孩子要叫誰父親呢？

崇敬你裏面的上帝吧！

色身是未燒過的陶罐，

隨時可以破碎，

世界是木造的房子，

隨時可以燒著。

住在裏面的人死了時。

修行人在座上，

返還。

──Kabir（1398～1518）

《聖經》約翰福音 8 章 23 節，耶穌對他們說：

你們是從下頭來的，我是從上頭來的；你們是屬這世界的，我

不是屬這世界的。

丹道的「火裏栽蓮」援自佛教，內丹學派如何取義延伸，這又要聯繫儒家的性情學說、中國哲學史上的儒道互補和戰國時期的陰陽五行思想。

性，在儒家有人性、天性、本性等涵義。隋唐佛教用以指佛性，「性名自有，不帶因緣。若帶因緣，不名為性。」（《大智度論》卷三十一）程朱學派以性為宇宙的本原，「性是太極渾然之體，本不可以名字言。」（朱熹《答陳器之》）可以說，性是超越任何客觀條件和關係的東西，在中國哲學中具有形而上學的意味。情，即情感、欲望，這是容易理解的。令人感興趣的是，縹緲的天性與現實的人情是怎樣結合併落實於丹道的過程──瞭解了這段儒道互補的歷史，丹道性命之學的神秘幻彩則略可褪色。

《劄記·中庸》曰：

喜怒哀樂之未發，謂之中，發而皆中節，謂之和。中也者，天

下之大本也；和也者，天下之達道也。致中和，天地位焉，萬物育

焉。

認為人的喜、怒、哀、樂的情感在還沒有被激發的時候，其心境是無所偏倚的，故謂之「中」。情緒已出，而能調節，故謂之「和」。

南宋朱熹《四書章句集注》：

　　喜怒哀樂，情也。其未發，則性也。無所偏倚，故謂之中。發
　皆中節，情之正也。無所乖戾，故謂之和。

南宋胡宏《知言》：

　　聖人發而中節，而眾人不中節也。中節者為是，不中節者為非。

可見，儒家傳統不主無情，而主「節」情。道學雖主無情，但它卻是從「節」情入手的。

《河上公章句・體道》云：

　　除情去欲，守中和，是謂知道要之門戶也。

戰國法家申不害《申鑒》：

　　養性秉中和。

《管子・內業篇》：

　　定心在中，耳目聰明。

《荀子・天論》：

　　心居中虛，以治五官。

經過諸子和諸家一系列的演繹，空洞的性被落實到人「心」，道家內丹學派找到了可以「操作」的具體之物。

按照中國傳統的思維模式，性、情也有善惡、陰陽之分。孟子以「生之為性」（《孟子・告子》），認為性是人生來具有的純善本性，它蘊藏著仁義理智等道德意識的萌芽。荀子認為「凡性，天之就也，不可學，不可事。」《荀子・性惡》）主張人性本惡。孟、荀之爭是先秦學人關於性的屬性的兩大對峙，丹道就取了性善之見。自董仲舒以性為陽、情為陰后，情即成了宋人所謂的「私欲」，這是性惡說的繼續和膨脹。而宋、元之際，正是丹道理論援儒、釋而蓬勃發展的時代，這樣，丹道也以情為惡。同時，丹道把解決性、情的矛盾作為了理法的關鍵。唐代李翱的性情論在這裡起到了承上啟下的作用，「人之所以為聖人者，性也；人之所以惑其性者，情也。」（《復性書》）他在接受了韓愈的「性善情惡」觀後，進一步主張復性滅情——丹道的「後天」返「先天」的理論，就脫胎於此。結果是導致宋初道士陳摶把古老的胎息術充實在《無極圖》中來設計煉丹的程序，後世藉此發展出所謂煉精化氣、煉氣化神、煉神還虛的三個丹道階段，在明清之際終成定式。而陳摶的《無極圖》在啟迪了周敦頤的靈感後，使之在此基礎上勾勒出了《太極圖》來演示宇宙萬物的進化，並以《太

極圖說》對其所繪的《太極圖》加以說明，全文僅 250 餘字，卻對宋代文化意識形態產生了深遠的影響，這是道家（丹道）對儒家（理學）的回報。

五行說起初只是一種關於宇宙生成的設想理論，發展到後來成為中國思維的基本方式之主流。於是，政治、軍事、農業、天文曆法乃至宗教、倫理、藝術都與五行說有了扯不斷、理還亂的關係，這種習氣也不可避免地影響了丹道理論體系的創建。五行論認為，金—水—木—火—土，依次是相生關係。《陰符經》的「火生於木，禍發必剋」這句話被內丹家看中後，發揮出了極大的含義。內丹學家認為「性」順生成「情」，簡單而言即五行的順生——木生火，這就是人道。如果逆著人道之常「情」，則現天道之恆「性」，用五行的語言來講就是五行逆向——火生木，就是「火裏栽蓮」，就是丹道，就是「顛倒」，就是「倒行」，就是「逆施」，就是「抽坎填離」，就是「扭轉乾坤」，詳而言之，即以土火木水金為丹道的生化次序，即「土」釜（丹田）若經「火」候的鍛鍊，則性「木」萌發，以「水」涵木而得以「金」丹成象。接下來再讀古人的注解，就不難體會其中的三昧了。

宋夏宗禹《悟真篇講義》：

> 火裏栽蓮，雖平叔以外事託喻，其實是內丹作用工夫。學者不得師傳，漫勞注解。且蓮生於水，水生於木。今以水中之物而種於火，豈理也哉！亦以人身中一物，如蓮之狀，生於真陽之火。雖曰火也，其實水也。雖曰水也，其實火也。以水言之，則不流失不潤下；以火言之，則不炎上不就燥。火氣藏於水，名曰內陽。水氣藏於火，名曰內陰。陽陰聚精於木火，故有象，如蓮之質。其蓮栽種成熟，千變萬化，或甜如蜜，大如桔者。此蓮也果生枝上，子在胎中者，亦此蓮也。以至為交梨火棗，千名萬字，總是金丹之表德也。

清董德寧《悟真篇正義》：

> 自知顛倒由離坎者，以離為日為火，居於南方，而在卦反屬陰，又謂之中女；以坎為月為水，居於北方，而在卦反屬陽，謂之中男。此乃離坎之顛倒，為修養之玄功，其殆我自知者也。誰識沉浮定主賓者，蓋主賓之道，則主居於內，而賓在於外；其五行之理，則金水下沉，而木火上浮。此皆常道也。今煉養之法，要使金水自東上騰，而木火自西下奔，以成交互之功，則猶主反為賓，而從左外出，賓反為主，而從右內入。

　　此乃天地之日月，卦象之坎離，其陰陽之顛倒有如此耳。至於修丹之造化，亦復傚之。如水要其生，火要其降；金則使之浮，木則使之沉；其在下者採之以登天，在上者取之以入地；而陰中藏真火以煉其鉛，陽中含真水以烹其汞。是將次二物運行於黃道，封固於黃庭，以凝結成丹，則顛倒之能事畢矣。

　　火裏不可栽蓮，男兒安得成孕？今修煉之道，乃玄中之玄，妙中之妙。還返陰陽，顛倒造化，而使男子結胎以成丹，此猶火中栽蓮以結子也。

清劉一明《悟真直指》：

　　顛倒者，顛倒陰陽，逆使造化也。離坎者，離為火，外雄而內雌，其內之雌為真陰，在人為靈知，藏於人心，人心動而靈知飛，如火之上炎也。坎為水，外暗而內明，其內之明為真陽，在人為真知，具於道心，道心昧而真知藏，如水之下流也。用顛倒者，生道心定人心也。道心生則真知剛健，而精一之水上升；人心定則靈知柔順，而亢燥之火下降。水上火下，而水火相濟矣。靈知為性，性屬木，木性柔，易浮；真知為情，情屬金，金情剛，易沉。靈知浮而用事為主，真中有假；真知沉而不彰為賓，假陷其真。此順行也。定主賓者，以真知之情為主，使沉下者而浮上；以靈知之性為賓，使浮上者而沉下。主賓反覆，而金木相併矣。

　　不識陰陽顛倒之法，怎知火裏栽蓮之妙？顛者何顛？倒者何倒？……真情即返，真性即現，性情相戀，先天真一之氣，自虛無中來，結成一粒寶珠，如圓滿之月，光輝照耀，山河大地，如在掌上，金丹有象。《參同契》所謂「歸性處，乃得稱還丹」也。

清朱元育《悟真篇闡幽》：

　　坎離交而產藥，乾坤交而得丹，總是顛倒妙用，但世人知之者希耳。即如常道陰陽，火生於木，水生於金，順而出之，欲動忿勝，生轉為殺，所謂五行順行法界火坑也，在《陰符》謂之「禍發必剋」。丹道陰陽則不然，水轉生金，火轉生木，逆而反之，忿懲欲窒，殺轉為生，所謂五行顛倒大地七寶也，在佛經謂之火宅生蓮。

　　以上所選錄的四大家之解語，以朱元育最合內丹理論的本來意思。每一位丹學大家，他們的理論都不盡相同，這與他們的聞知、理解、經歷乃至歷史文

化背景，都很有關係，這就影響著他們的慣用語言和思維方式（像清代內丹學派的代表人物劉一明，他在《指南針序》中這樣演繹「中正之道」：「在儒謂之中庸，在釋謂之一乘，在道謂之金丹。」在《修真辨難》又推演道：「大學中庸，俱身心性命之學，其中有大露天機處，特人不自識耳。」）但有一點是相同的，那就是在道教史上，在內丹學理論上頗有建樹者，不是「鴻儒」，則難成其「高道」——「高僧」也不例外。例如，清代道教衰落，身在佛教中的龍門傳人柳華陽就是套用佛教術語來講內丹的，同樣不失其一派學說的歷史價值。

二十、一粒靈丹吞入腹
始知我命不由天

1

英國學者李約瑟先生有一個看法：「道家思想從一開始就有長生不老的觀念，而世界上其他國家沒有這方面的例子，這種長生不老的思想對科學具有難以估量的重要性」。(《中國科學技術史》)

一位科技史家這樣看重的思想，來自哪裏呢？

在七言絕句第六十中，紫陽翁慨然留言：

一粒靈丹吞入腹，始知我命不由天。

與此同意的句子還有：

群陰剝盡丹成熟，跳出樊籠壽萬年。

與此同義的句子高僧說：

盧陵一粒米，價重過須彌。

須彌尚可碎，此粒無壞時。

化為香積飯，轉作淨土資。

拈來信口餐，一飽忘百饑。

如食金剛屑，終竟透出皮。

此土多蓮華，眾妙香芬披。

一人坐一華，左右相追隨。

光明映日月，彈指超僧祇。

華中少一人，悠悠勞我思。

——憨山《盧陵淨土庵受王性海諸居士齋因懷汪使君》

似乎，通過內丹的修行可以達到肉身的不死，這個從字面上看到的意思，在好道之士中，居然是一種普遍性的認識，學者常常沉溺於經典如何如何說了。古人、名人和經典的陳述，都要經過自己的思考，我們甚至可以說，從某種意義上言，是這種思維模式，成就了釋迦牟尼。亞里士多德「物體下落速度和重量成比例」的學說不就是因為他個人名氣才站住腳的嗎？後來 1590 年，在比薩斜塔上伽利略做了那個著名實驗，不管有沒有這件事，但是他從此推翻了亞里斯多持續了 1900 年之久的錯誤結論。

李約瑟說，世界的所有宗教，中國道教最不排斥科學。其實，中國古代的道士，特別喜歡科學探索，例如對長生不死的追求，最能彰顯這種精神意識。

筆者曾經有過一篇拙作，「『不死』的傳說」，是專門探索道教長生之說的文化背景的，權且把這篇舊文拿來講一課吧。

人的壽命的極限是多少？

英國著名生物學家巴風研究的結論已經普遍被人們接受：一般哺乳動物的最高壽命，相當於它完成生長期的 5～7 倍。比如，牛的生長期約 6 年，它的最高壽命約 30～42 年；人的生長期一般都在 20～25 年之間完成，按這樣推算，人的最高壽命應該在 100～175 歲之間。事實證明，牛、馬以及其他動物均可以活到大自然賦予的自然壽命，而人卻只能活到自然壽命的一半左右，人類為何活不到自然壽命呢？科學家研究認為，主要有以下四個原因：

第一，人的呼吸方式的改變。除了人以外，所有的動物均採用腹式呼吸。腹式呼吸的優點是可以充分發揮肺部細胞的功能，增大肺活量。而人類只是在胎兒和嬰兒時期以腹式呼吸為主，自從學走路時開始，許多人就改變為胸式呼吸為主了。由於人類改變了呼吸方式，致使大部分肺葉細胞長期閒置不用，使其失去活性而導致肺活量變小，影響長壽。

第二，人的運動姿勢的改變。人類用雙足直立行走代替四肢爬行，隨之帶來了諸多不利因素：直立姿勢縮小了骨骼、關節、肌肉、韌帶等全身運動系統的活動幅度，並且使脊柱負荷過大；直立姿勢使大腦處於人體最高位置，導致大腦極易缺血缺氧，由於心臟只進行一些極度縮小生理強度的慢性運動，也使心臟的適應能力逐漸減退。這些都容易使大腦、心臟發生疾病。

第三，人的消化功能的改變。人類與動物相比，其消化功能萎縮十分明顯，

咀嚼能力下降，吞食能力喪失，以及胃腸道細菌構成的改變，使人類極易出現致命的代謝病、文明病等疾患。

第四，人的循環功能的改變。人類生活在日益舒適的環境中，使血管的鍛鍊越來越少，以致使全身微血管逐漸壅塞硬化，加之不良生活方式的影響，使人類的心腦血管易硬化而縮短壽命。

此外，人類的神經系統高度發達，心理活動變化多端。由於人有喜、怒、憂、思、悲、恐、驚各種情緒的變化，成為導致疾患的重要因素。因此，人類情緒的變化也是影響壽命的因素。

但是，生與死至今也是個不能畫上句號的歷史命題性問題，這就決定了所以本節也將是以不了了之而結束，但這不妨礙我們只想到歷史中散散步，看看「不死」以及造就「不死」觀念的內丹文化背景，聽聽「不死」的傳說和古今內丹大家的生死論——鑒於西方哲學家在這個問題上實在是沒有給予世人一些令人滿足的答案，我們只好走走道教之路。

黑格爾曾以西方哲學的價值尺度來衡量中國文化，他的一些議論也許偏頗，但他有一句話，卻無意地言中了中國宗教哲學的一個顯著特徵：「宗教卻往往利用藝術，來使我們更好地感到宗教的真理。」（黑格爾《美學》第一卷第126頁，人民文學出版社1959年版。）

內丹術這種體驗哲學，造就了內丹學派，並在後者探索人類精神世界的實踐中而發展完善。同時，它將傳統文化的性命學說落實到具體之「人」，在空泛的哲學框廓中建造出了「自然科學」的大廈——這具有卓越非凡的意義。但它隱晦的表達方式，卻一直是中國「符號」文化的主流，不免使得這一致力於探索生命與自然之道的學科，顯得遠離了塵世。

同時，宗教經典則把現實世界描繪得何其糟糕！似乎有一種不讓人絕望誓不罷休的意味。於是，「後天」人生，在道教眼中，謂水火之宅，亦與佛教的地獄大約無異吧。那些蓬頭跣足的隱士就像是《一千零一夜》中的漁夫，想方設法地要把浮出瓶子肇禍的魔鬼裝回瓶中，恢復風平浪靜的性海天空——所謂「先天」。然人性豈是容易克服的？但人類從未停止過尋找茫茫的天國之道：

「夫旁門小法，其別三十：曰齋戒，曰辟穀，曰煉氣，曰漱咽，曰絕內，曰斷味，曰禪定，曰玄默（不語也），曰存想，曰採陰，曰服氣，曰持淨，曰息心，曰去累，曰開頂，曰縮龜，曰絕跡，曰洛誦（看讀也），曰燒煉，曰吐

納，曰採補，曰博施，曰解祠，曰賑乏，曰棲山，曰適性，曰不動，曰受持。夫如是者伐疾可也，養性可也，……去大道遠矣。」（《道樞》卷三十九《傳道上篇》）北宋著名的道教學者曾慥一番陳辭，把不少隸屬養氣之道的範疇都與水一起潑掉了。這樣的偏頗之辭在幾乎所有的內丹名著中，我們都可以見到。究其原因，很簡單，不僅僅是他對他曾經歷的、見聞的、每一個時代都屢見不鮮的淺薄之論和表面喧嘩，表示了自己的反感和恥笑！同時也表達了對長生之道的一種執著的追求。

實際上，內丹一詞原如存想、坐忘、胎息、辟穀乃至今天所說的氣功等名詞一樣，本來都是傳統養氣之道的某一方面或某一階段之特徵，李錫堃、張蘇辰先生實證丹道之後，就明確告知精、氣、神高度凝結之狀恰如「丹」形。內丹由表示——內氣動極生靜、高度的凝聚的形狀——而演變成了養氣之道的代名詞，即由引申義轉變為基本義是在宋代以後逐漸流行的，而且也就是在這時，道教的涉足，在光大了「養氣之道」時，也神秘了「養氣之道」——它繼承了《參同契》的衣缽，將隱語文化發展到了極盛。

筆者曾以劍為例撰文，就是基於這麼一個隱語現象：丹學援入劍，並把它負在「鍾呂派」開山祖師呂洞賓的背上，塑造了一個「肩橫一劍醉斜陽，笑指天低水未長。」的神仙形象，是因為它超越了純粹的兵器，早已被賦予了神聖的意義，昇華為種種文化範疇的不同象徵。

道劍隱喻了煉丹過程的去利、去怒、去懼、去欲，以及所謂的十魔九難，要言之為煩惱、愛欲、貪嗔三項內容，同時，以劍的象徵斷之。

是什麼導致了隱語泛濫、譬喻成災？這就涉及到了文化的風格。

在人類思想史上，東西方存在著一個如下不同：繼承了古代希臘傳統的西方哲學家，幾乎無一例外地具有數學家或是物理學家的身份，或職業或業餘，這就使得西方哲學具有嚴格和精密的數學風格；中國古代的哲學則是以文、史為基礎的，所謂「六經皆史」（清·章學誠《文史通義》），於是它難免散發著文學氣息和歷史神話。

如果說道劍的出現，是清修理論的一個標誌。那麼，「長生不死」之說的出現，又意味了什麼呢？這要從「氣」說開。

「氣」是什麼就不去深究了，僅就效果而言，它把人對生命的痛苦、宇宙的茫然、來往的意義等存在者的疑惑稀釋得淡然如水，斬斷了邏輯的高峰直覺，竟能將人對死亡的恐懼轉化為一種回家的感覺——如此奇妙！所謂「得氣

者，常似醉」（唐崔希范《入藥鏡》），於是，「天人一氣」、「長生不死」、「變化無常」的囈語就是這樣從如癡如醉的「道者」的喉頭間含糊不清地嘟噥了出來——不妨尋找以下這些奇麗詞語的根源：「天人一氣」來自儒家的「天人合一」說（《孟子‧盡心上》）；「長生不死」來自道家的「長生久視」（《老子‧五十九章》）；「變化無常」來自史書的「神明……無常」（《漢書‧藝文志‧文子‧自然》），至於《老子》一書的慣用語，如視之不見、先天地生、眾妙之門、谷神不死、玄牝、玄德、橐籥、天門；清靜、恍惚、杳冥、甘露、沖氣為和；得一、嬰兒、綿綿若存，用之不勤、和光同塵、道法自然；無象、無形、無名、無執、無失、無欲、無事、無為；禍兮福兮、慎終如始、寵辱不驚、專氣致柔、深根固蒂、歸根覆命、外其身而身存、長生久視……常常被引用並援入丹經，注意，同時賦予了它們新意！

是啊，那些道教史上稱之為高道的、在內丹領域極有建樹的踐行者、理論家，多係儒生出身、又多有屢試不第經歷，這些大師在構思內丹學的「上層建築」之際，回首人生之際，那些雖免不了挨板子但確實天真無憂的童年和朗朗上口、只怕是終身也忘不了了的「四書五經」浮現而清晰了。「返老還童」的老道吟誦經史子集時，他的漫不經心和引經據典的「老習慣」在事實上成就了內丹學意義上的、傳統文化頗為關切的「儒道互補」現象。但是如果學者就此以為金丹大藥書那麼得懸乎，得之還要付出「七日來復」、昏迷數日的危險代價，那是我們沒有全方位地去考察，古之道著，他們的生活背景、文化修養，乃至於人生經歷！顯而易見，就丹道理論而言，不是「鴻儒」，則難以成其「高道」。而當人們再去窺尋修養之道的本來面目時，就要到人類文化的長河中費些周折了。

當歷史自己模糊到或人為使之「不明朗」的時候，你就必須聯繫和參考現實以校對歷史！業師李錫堃堪為當代丹學的大家，先生年青時在北大求學之際就接觸了傳統的生命哲學，五十歲以後，潛心於內丹實踐，通達道源。在傳授性命哲學時，先生曾告知壽限還有十年（就是在一百一十歲）。已故的張蘇辰老先生，也是後學的楷模。曾因重病纏身而向丹道求生，在他年近百歲之際，環顧周圍，往日的朋友都已不在了，他甚或感到生活的無趣。在點了一碗素為老人喜歡的撈麵條後，就羽化了，無疾而終！《太平經》曰「壽為徵」（之一），兩位老先生都是以半個世紀的生命來專一無二地踐行丹道的大隱，按丹經語言來講就是「仙翁」典範！他們對道的參破的標誌之一就是生死如一！他們的

「平常如故」與傳說中的「吸風飲露」、「長生不老」有天壤之別──文學的作用在這裡顯示出了它的神奇──「比」和「興」之手捂住了人們的眼睛！覆蓋了真實的歷史！

李白吟「白髮三千丈」時，人們知道他又喝酒了；道者說壽高無極限時，讀者反而醉了。享年 150 餘歲的清代龍門宗師王常月談及長生，乾脆說了個笑話兒不了了之：肉身「若修養起來，亦多活幾年，不過死得遲些罷了，總非真道」，「色身（肉身）縱留萬年，止名為妖，不名為道」。（《龍門心法》）然而明朗的歷史是不開玩笑的，我們不妨看一段具歷史傳奇：

在那個著名的「一言止殺」的故事中，一見面，成吉思汗直截了當地問：「神仙遠道而來，不知有無長生不死之藥作為奉獻？」

丘處機坦言：「世上只有延年益壽的衛生之道，從來沒有長生不死藥。」

成吉思汗應該是失望的，丘處機的門下李志常所著《長春真人西遊記》簡單地以「上嘉其誠實」一筆帶過。也就是說，成吉思汗沒有生氣，是因為丘處機的誠實無欺。僅憑這一點，丘處機就不愧為高道！

為了真實地看到道教史上的高道形象和事蹟，筆者沒有僅從宗教史中去觀察。用了兩年的空閒時光，在《元史》（宋濂著中華書局點校本）、《金史》（脫脫　中華書局點校本）、《蒙古秘史》（內蒙古人民出版社 1980 年校勘本）、《世界征服者》（志費尼著　何高濟譯　內蒙古人民出版社 1981 年版）、《蒙兀兒史記》（屠寄著中國書店 1984 年影印本）、《黑韃事略》（彭大雅　王國維遺書本）等中外蒙元史的權威著作中徘徊著。尤其是口碑不錯、博學多才的一代名相耶律楚材的《西遊錄》（向達整理校注本）、《湛然居士文集》，更是反覆讀了幾遍。因為宗教及個人見解之異，他對丘處機頗有意見，這就意味著他不會神化他的故友。有意思的是，在耶律楚材死後，繼任過蒙古中書令的其子耶律鑄，查封了他老爸寫於 1229 年的《西遊錄》。近代史學家說，這是耶律楚材父子信仰異趣所致。耶律楚材信佛，耶律鑄信道教，而《西遊錄》在介紹成吉思汗西征的過程時，隨之把全真道挾擊了一通。

到了 1926 年，日本人神田喜一郎在日本宮內省圖書僚，發現了一本舊鈔《耶律文正（公）西遊錄》足本。據神田的考證，這個鈔本是古賀氏──日本聖一國師在四條天皇嘉禎二年（1236）來蒙古帝國時，挾歸日本的。1927 年羅振玉根據神田排印的鈔本，又在中國印行。北京大學向達教授用四年的時間整理校注此書，至 1966 年向先生去世時完成初稿。在這部書中，耶律楚材介

紹了他與丘處機的關係是友好的，但是在觀念上卻不一致，甚至可謂勁敵。在耶律楚材看來，丘處機的講道不過是些「平常之語」，筆者在此無意於評說他的學術偏見。關鍵的是，在該書中，他透露出丘處機死於「毒痢」，這在其他史料中是沒有見到的，如果確實如此，那麼，道士與佛祖去世的原因竟是一樣！由此我們可以瞭解到一點「真實」的古代醫學信息，即在沒有抗生素的時代，腹瀉是不可輕視的一種「疾病」。

在正反兩方面的文獻碰撞處，歷史高道丘處機的人生最後驛站便從歷史的浮塵中凸現而出：

1227 年夏，幼年失依、18 歲出家訪道，閱歷了「磻溪六年」、「龍門七載」、「應詔赴闕」、「萬里西遊」的內外兼修、有無相證的艱難人生後，一代道教領袖丘處機安詳地臥於燕京天長觀（今北京白雲觀）寶元堂的病榻上，靜靜地聆聽死神由遠而近的腳步聲——道士對此不以為然——經過了半個多世紀的內丹修為，解脫者已經站在了「虛」、「空」中——徹底俯瞰了「無常」與「永恆」的奧妙、老子的「長生久視」之「道」、喬達摩‧悉達多的涅槃「真相」——生即是死；死即是生！關鍵的是，面見天上的祖師時，他問心無愧：「千年以來，道門開闢，未有如今日之盛然」，（元尹志平《清和真人北遊語錄》卷3，正統《道藏》弁七。）在一旁守候的尹志平聽來，這段夫子自道實在是過於謙遜了——自黃帝、老子以來，「皆未有今日之盛」——他把丘處機列於神、聖一流了。

同年，渴望服食一丸藥而「征服死亡」的「世界征服者」——成吉思汗病死於征服西夏的途中——真人沒有滿足一位蓋世君主的暮年願望，不識字的馬背大汗倒也沒有像秦皇、漢武甚至英明無比的唐太宗那樣，被江湖方士愚弄了一場。

也是在行軍路上，波斯王澤克西斯（xerxes）與他的叔父留下過一段關於生死的西方對話，我們也來聽一聽：

澤克西斯統帥浩浩蕩蕩的大軍在向希臘進攻的途中，曾潸然淚下，向自己的叔父說：「當我想到人生的短暫，想到再過一百年後，這支浩浩蕩蕩的大軍中沒有一個人還能活在世間，便感到一陣突然的悲哀。」他的叔父回答說：「然而人生中還有比這更可悲的事情，人生固然短暫，但無論在這大軍之中或別的地方都找不出一個人真正幸福得從來不會不感到，而且不止一次地感到，活著不如死去。災難會降臨到我們頭上，疾病會時時困擾我們，使短暫的生命似乎

也漫長難捱了。」（希羅多德《歷史》，轉引自朱光潛《悲劇心理學》，人民文學出版社 1983 年版，第一頁。）

生就意味著死！無論東方還是西方，都因之陷入了深深的困境！

丘處機作為龍門之祖、內丹大家，對他的言行舉止加以分析，能使讀者充分地瞭解真實的道教，瞭解真實的丹學，瞭解所謂的「東方神秘主義」和神秘的「長生不死」。同時，內丹家的生平，應該屬於內丹學史的一部分，這是筆者在這段歷史中長久漫步的原因。這些東西你搞明白了，同時也就明白了胡博士閱讀《真誥》那種要崩潰的感覺：「在那個考證校勘之學未成立的時期，陶弘景編纂《真誥》的方法真是很可以嚇倒人的精密的考訂方法！」他引證了陶弘景批點道書的文字後又稱讚說「這都是最嚴謹的校勘方法」。然後筆鋒斗轉：「用這樣精密謹嚴的方法來編纂一部記天神仙女降授的語言，這是最矛盾的現象。這書裏的材料，自從開卷記仙女萼綠華事以下，自然全是鬼話」。呵呵，有意思吧。

陳櫻寧先生有如丘處機同樣的品質：「譬如我自己是個學仙的人，設若僥倖將來修煉成功，必有特異之處，可以顯示給大家看見，倘仍舊不免老病而死，又無絲毫神通，你們切切不要烘雲托月，製造謠言，說我已經得道，免得欺騙後人。像這一類的事，前人書中常有，我看了甚為厭惡。」（《中華仙學·答上海錢心君七問》）

三十年以後，陳攖寧因癌病逝於北京醫院，享年八十九歲。

2

有些話題我沒法說了，人微言輕，還聽聖人說吧。

> 吾友！請聽我說：
> 人身，是他的琴！
> 當他拉起琴弦時，
> 內在的宇宙聖音，
> 流瀉而出。
> 倘若弦斷馬折，
> 琴就化為灰燼。
> 回歸土塵。
>
> 死神之軀

在真身的面前，
能表演什麼？
當勝利號角吹奏道：
「我就是你」！
靈性的導師立即趕來，
對甫入門的學生敬禮！
請嘗試在活著時，
見到這一幕吧。
朋友們：
這個世界，就是死亡之城，
神聖先知，在此死亡，
轉世神明，紛紛死光，
瑜伽大師，一個不剩！
朋友們：
這個世界，是不折不扣死城，
強大的統治者消失了，
他們的臣民也不見了。
高明的醫師都過世了，
治癒的病患同一命運。
月亮將消逝，太陽會冷卻，
地球終毀去，天空不復存。
即使是最強而有力的
領導十四界的神祇，
也難逃一死的命運，
那麼有誰能幸存呢？
九位大瑜伽聖人，形同死者，
韋悉奴十位化身，也是逝者，
八萬八千的智者，一模一樣，
三億三千三百萬神祇，同理，
無疑的，這就是死亡的環套。
朋友啊：

此地為死亡之城，
唯有無名的那位，
他的名永生不死！
朋友們：
凡生出的，必會死亡。
因為你活在死亡之城
兄弟！請認識真相吧，
勿在幻象中一死再死！
這個世界行走在死亡的途中，
但是啊！卻無人知道如何死
用一種永不再死的辦法。

──Kabir（1398～1518）

我們都知道我們即將死去
且永不再回來。
為什麼我們還要愛
這個虛幻的世界
並兜售我們自己？
教長啊，在這世界上沒有人
能夠永遠活著。
我現在所坐的位置，
以前已經坐過很多人
也都已經遠遠離去了。

──Sachal Sarmast（1739～1829）

3

　　無論是《道藏》，還是《大藏經》，我們都要明白它們的宗教屬性，即一覽無餘的搜集、極具熱情的宣傳，和不惜餘力的「弘揚」。

　　相當的東西不是來自於書本就是來自「道聽途說」，但是經藏的吸收、消化能力是驚人的。而這些經典的話有一半兒的實證，就已經算是可觀的了，大多都屬於推測。或好奇使然，或有意為之，那些對「神職人員」有用的東西，對你就未必有用，這就看你能不能看出「門道」了，不是說了麼「個人生死個

人證」嗎？倭寇肆虐中華大地的時候天上諸仙佛都一致地保持沉默，那您又算老幾？這個時候列仙諸佛的態度一般都是鹹吃蘿蔔淡操心。

　　我們都是死亡的囚犯；那是確定的。

　　沒有其他囚犯能夠從監獄本身拯救你。

　　　　　　　　　　　　　　　　　　　　　——Rumi（1207～1273）

　　哦，就「個人生死個人證」這個話題延伸一下吧，我們觀察社會，那些磕頭燒香求佛祖保佑仕途或者財路的人們，往往是以希望落空而心灰意冷，你去讀他的傳記啊，佛祖他也不容易啊，跟倒楣催著似的，最後還死於食物中毒，又怎麼能資助你些零花呢？「誰也不能為你建造一座你必須踏著它渡過生命之河的橋，除你自己之外沒有人能這麼做。」

　　話說唐僧師徒歷盡千辛萬苦，打退無數黑白兩道妖魔，終於到得西天，見到佛祖，卻被佛祖手下索取「人事」。唐僧師徒自覺不給「人事」是理直氣壯、合理合法，卻被給了「無字」經書，惱了，回轉山門，找佛祖討個說法。

　　行者嚷道：「如來！我師徒們受了萬蜇千魔，千辛萬苦，自東土拜到此處，蒙如來吩咐傳經，被阿儺、伽葉指財不遂，通同作弊，故意將無字的白紙本兒教我們拿去，我們拿他去何用！望如來敕治！」

　　佛祖笑道：「你且休嚷，他兩個問你要人事之情，我已知矣。但只是經不可輕傳，亦不可以空取，向時眾比丘聖僧下山，曾將此經在舍衛國趙長者家與他誦了一遍，保他家生者安全，亡者超脫，只討得他三斗三升米粒黃金回來，我還說他們忒賣賤了，教後代兒孫沒錢使用。你如今空手來取，是以傳了白本。白本者，乃無字真經，倒也是好的。因你那東土眾生，愚迷不悟，只可以此傳之耳。」

　　大覺悟者這話說得多圓活兒，沒有脾氣了吧。

　　那麼反思一下個人的理解是不是有問題了呢？

　　是的，持咒原本是佛教修行的一個簡易法門哦，是一個頗為行之有效的一念代萬念的良方。學人在妄念橫生、煩惱不斷之際，一聲「咒語」緊跟著一聲「咒語」，哪裏還容得那個妄心雜念鬧騰人「翻種子」呢？

　　弘一法師說過一個意思：「阿彌陀佛是藥王，捨此不求是癡狂」。

　　所以學人啊，你念「佛」的時候，「佛」何時沒有應過您？

　　可謂是「有求必應」的！除了你向他討「人事」。

　　不怕念起，只怕覺遲。

念起是病，不續是藥。

「惠能無伎倆，不斷百思想。」何況吾輩？

怎樣不續這個「念起」？你念咒啊。

在《西遊記》第八回書中找：

> 猿猴道體配人心，心即猿猴意思深。
>
> 大聖齊天非假論，官封弼馬是知音。
>
> 馬猿合作心和意，緊縛牢拴莫外尋。
>
> 萬相歸真從一理，如來同契住雙林。

再看《西遊記》中孫悟空又是如何被壓於五行山下的：

> 好大聖，急縱身又要跳出，被佛祖翻掌一撲，把這猴王推出西天門外，將五指化作金、木、水、火、土五座聯山，喚名「五行山」，輕輕的把他壓住。……只見個巡視靈官來報導：「那大聖伸出頭來了。」佛祖道：「不妨，不妨。」袖中只抽出一張帖子，上有六個金字：「唵、嘛、呢、叭、咪、吽」。遞與阿儺，叫貼在那山頂上。這尊者即領帖子，拿出天門，到那五行山頂上，緊緊的貼在一塊四方石上。那座山即生根合縫。

這「降頭」下得真狠！

「心猿」消停了，好了，這一消停就是五百年。

這個在丹道中對應的就是「大道教人先止念，念頭不住亦徒然。」

止念，也有廣義和狹義之分，廣義上說就是心平氣和、清靜無為，這其實是它的高層次的結果。狹義而言心就是丹派的止於臍下，內地反觀。而神入氣中，氣包神外是玄關顯象時的結果，是不可以做入門之法的。剛開始下手，是要在凝神調息，再把這個後天的意念輕輕關照於丹田，寂然不動，靜極生動，自有氣機，感而遂通。此時以真意入於這個氣機動處，神氣相交，實際上也是保持一種觀照狀態，才會有神入氣，氣包神外的效果，那是在元神主事下，神氣相交的一種狀態。

一些修行中的共性東西，一旦被迫加入了宗教「競爭」，這就注定了有些東西在它奇異的外包裝下，人們看不到它的本來了。

其實，當最無條件愛你的那個人去世以後，這個世界就沒什麼意義了。

其實，當你最無條件愛著的那個人去世以後，這個世界就沒什麼意義了。

各式各樣的宗教世界觀也不能說沒有意義，至少它的價值就在於給了蒼

生一個可以做下去的夢，給「人生不過如此」的餘生提供了一種精神遊戲。

總歸，玩自己總比玩別人好吧？玩自己的境界也有高低，高端的諸如「守拙覓真以藝進道」；低端的其實大家都有經歷、都不陌生，所以就有了俗話「天下本無事庸人自擾之」，所以就有了「少無適俗韻，性本愛丘山。誤落塵網中，一去三十年。」這樣的句子。所以「玩自己」的結果往往是把「自己」「玩」到坑裏，不能自拔。

即便如此，也不能讓別人來玩自己。

一旦初悟此理時，這個人就想離群索居了：

> 羈鳥戀舊林，池魚思故淵。
> 開荒南野際，守拙歸園田。
> 方宅十餘畝，草屋八九間。
> 榆柳蔭後簷，桃李羅堂前。
> 曖曖遠人村，依依墟裏煙。
> 狗吠深巷中，雞鳴桑樹顛。
> 戶庭無塵雜，虛室有餘閒。
> 久在樊籠裏，復得返自然。

徹悟之際，則又是一番心境：

> 結廬在人境，而無車馬喧。
> 問君何能爾？心遠地自偏。
> 採菊東籬下，悠然見南山。
> 山氣日夕佳，飛鳥相與還。
> 此中有真意，欲辨已忘言。

回到《悟真篇》：

「樊籠」者，肉身。

「我」乃「法身」、「真人」、「嬰兒」，亦即「先天一氣」。

修道的關鍵一環就是，把「你」交給它，身如傀儡，讓它來玩你。

紫陽真人謂之「饒它為主我為賓」，佛教的寓言「捨身飼虎」、「割肉貿鴿」都有這層「捨棄」的含義。

這個「天人合發」、「大機大用」、「盜取天機」之際，吾人之狀貌簡約而言就是「呆如木雞」、「身若槁木」。《莊子》用文藝語言給出的描述就是「墮肢體，黜聰明，離形去知同於大通」。白玉蟾《快活歌》謂「這回大死今方活」者。

《彖》說「反復其道，七日來復，天行也。」老子曰「觀復」佛說「證生死」。

這個過程從開始，到結束，數小時，亦因人而異。

易謂「七日」紫陽曰「一日成」。

如果有同學問這個「未死先學死」不要寫意用工筆劃一下吧，我只會畫《小雞吃米圖》，還是請西派的大家來講吧：

最奇者，前一二月每次來信，問我要景象、要證驗、要明白。

吾再告之：夫金丹之道，上古皆稱之「學混沌」。蓋混沌，是未開闢之前也。及至周末，老子曰：「吾不知其名，強名曰道。」故又皆稱之曰「學道」。蓋強名者，是個無有也。唐宋以下諸真著書，又皆教人學死人。請審問之「混沌」可有景象乎？可有證驗乎？可能明白乎？再明辨之，死人可有景象乎？可有證驗乎？可能明白乎？假若一著景象、證驗、明白，即是落在後天色身，即是以奴為主而不知，認賊為子而不覺也。如何是象言筌蹄？孔子曰：「象者，像也。」來子解云：「像也者，彷彿近似之謂也。」足下執泥彷彿近似是道，堅不可破。又，丹經萬卷，皆言不可泥像執文，唯獨足下硬要泥像執文，嗚呼，是筌蹄也，不是魚兔也。我真不知何故如此之糊塗乎。

——汪東亭（致學人問道函）

二十一、壺內旋添延命酒
鼎中收取返魂漿

1

休施巧偽為功力，認取他家不死方。

壺內旋添延命酒，鼎中收取返魂漿。

——《悟真篇》七言絕句第五十一

愛情中，唯有暢飲你的酒，才是永恆，

我將生命交給你，只為了死。

我說：我在早晨認識你晚上就死掉，無憾。

她說：認識我並不代表著死。

——Rumi（1207～1273）

壺內，

有大峽、松林山，

還有那位山谷的創造者。

七大海洋、億萬星星在壺中，

試金石也在其中，

還有那位鑒寶人。

從無弦之琴傳出的旋律，

以及一切河流的源頭

都在陶壺內。

> 若你想聽真理，我可以告訴你：
> 我的朋友！請仔細聽，
> 至尊在那裡。
>
> 馬亞是攪奶油的，
> 呼吸就是攪拌的桶。
> 至尊食用奶油，
> 世界卻喝下奶清。

——Kabir（1398～1518）

壺，本是古器名，深腹，斂口，用以盛酒漿或糧食。

《詩·豳風·七月》：「八月斷壺」，指的是壺盧，現在寫作葫蘆。俗話說的「不知葫蘆裏賣的什麼藥」就與它的用途有關。道教的「八仙」之一鐵拐李，就常背一個藥葫蘆，周遊江湖，治病救人。神話小說中說：

> 大聖直至丹房裏面，尋訪（老君）不遇，但見丹灶之旁，爐中有火。爐左右安放著五個葫蘆，葫蘆裏都是煉就的金丹……他就把那葫蘆都傾出來，就都吃了，如吃炒豆相似。

——《西遊記》第五回

本文要談的就是道家、道教的葫蘆。

因為古代的遊醫習慣用葫蘆裝藥，所以「懸壺」就成了行醫的代名詞，這個典故出自《後漢書·卷八十二下·神仙列傳·費長房》和葛洪《神仙傳》，說汝南人費長房曾為市吏，見一老翁賣藥，總懸一壺於肆，人散後便跳入壺中。他覺得非常奇怪，於是就帶了酒菜去訪，老翁知其來意，請他明日再來。長房次日如約，老翁即帶他同入壺中，只見裏面「玉堂嚴麗，旨酒甘肴盈衍其中」。又說費長房從此隨其學道，後能縮地，「坐客在家，至市買鮓，一日之間，人見之千里外者數處」。後來，文人騷客就以壺中來指道家的生活。

> 何當脫屣謝時去，壺中別有日月天。
> 俯仰人間易凋朽，鍾峰五雲在軒牖。

——李白《下途歸石門舊居》

> 丹臺紫府無塵事，恍覺壺中日月長。
> 行到水雲空洞處，恍如身世在壺中。

——李賢、曹組《艮嶽百詠詩》

另有壺天一詞，與壺中同義，也指道家仙境。

洞水流花草，壺天閉雪春。

其如為名利，歸踏五陵塵。

——張喬《古觀》

（施存學大丹之道）遇張申為雲臺治官，常懸一壺如五升器大，變化為天地，中有日月，如世間。夜宿內，自號「壺天」，人謂曰「壺公」。

——《雲笈七籤》卷二十八

《西遊記》第三十三回就有個以壺天之典改編的故事，唐僧被蓮花洞的金角大王、銀角大王捉住後，大聖命日遊神、夜遊神、五方揭諦神：「即去與我奏上玉帝，說老孫皈依正果，保唐僧去西天取經，路阻高山，師逢苦厄。妖魔那寶，吾欲誘他換之，將天借與老孫裝閉半個時辰，以助成功。若道半個不肯，即上靈霄殿，動起刀兵！」玉帝為難了：「天可裝乎？」哪吒奏說：「天也裝得。」玉帝問：「天怎樣裝？」哪吒道：「自混沌處分，以輕清為天，重濁為地。天是一團清氣而扶托瑤天宮闕，以理論之，其實難裝……請降旨意，往北天門問真武借皂雕旗在南天門上一展，把日月星辰閉了。對面不見人，捉白不見黑，哄那怪道，只說裝了天，以助行者成功。」這是一段奇麗的神話，哪吒先分析了天地的來源，又講明了裝天的方法，接下來就是大聖拔了一根毫毛，變成一個「一尺七寸長的大紫金紅葫蘆」，把天「裝」了，然後騙取了小妖手中可以裝人的小葫蘆。這一奇麗的道教文學情節顯然是從道家的壺天說化來的。

北周·庾信《庾子山集》卷一《小園賦》謂：「若夫一枝之上，巢父得安巢之所；一壺之中，壺公有容身之地」。《水經注》卷二十一《汝水》謂「壺公姓王」。《三洞珠囊》稱「壺公謝元，賣仙藥」。無論人們如何去追究壺公的身世，他都不失其神仙特徵。壺公所住的壺中、壺天，上有日月經天，下有樓臺拔地，這個模擬現實的神仙世界，全是在壺中化育的。神仙信仰在其萌芽之際就開始虛構一個神仙居住的樂園，在這個樂園中，可使人類擺脫在世上無法擺脫的生老病死之桎梏，得到永生不死的保證和一應俱全的享受。神仙信仰在先秦時就遍及華夏、楚、越各文化圈，所以各地的方士虛構了很多神仙樂園，其中影響很大的當數西部的崑崙山和東部的三神山的傳說。

自威、宣、燕昭使人入海求蓬萊、方丈、瀛洲。此三神山者，其傳在渤海中，去人不遠，患且至，則船引風而去。蓋嘗有至者，諸仙人及不死之藥皆在焉。其物禽獸皆白，而黃金銀為宮闕。未至，

望之如雲；及到，三神山反居水下。

──《史記·封禪書》

三壺，則海中三山也：一曰方壺，則方丈也；二曰蓬壺，則蓬萊也；三曰瀛壺，則瀛洲也。

──《拾遺記·高辛》

三壺仙境，位於遙遠的海域，在其虛幻縹緲的雲水之間，散發著濃鬱的《老子》氣息，「壺化」與「道生」，不難被人們聯想在一起了。「壺中天地」以它的直觀性為「道生萬物」找出了可供視聽的「虛擬空間」。在這裡，壺，成了道的物化，形象而神秘地濃縮著道家的宇宙觀。《莊子·應帝王》篇中關於「壺子」的故事，若從這個角度去理解，便不再艱澀了：列子看到鄭國巫師季咸預卜人的生死吉凶、禍福壽夭很靈驗，便向其師壺子講了。第二天壺子叫列子帶季咸來見。壺子先「示之以地文」，寂然冥坐，靜如大地。季咸斷言面如死灰的壺子十日內必死。列子向老師泣訴了巫師的話，壺子請季咸再來相之，復「示之以天壤」，動不失時宜，渾如天然。季咸說他完全有了生機。季咸第三次被請去，壺子示以「太沖莫勝」，狀如太虛沖和，巫師無法測其吉凶，只得託辭而去。後來季咸又見壺子，還沒站穩，就惶然離去了。原來壺子這次「示之以未始吾宗」，虛已忘懷、委順萬物，不離常道而變化無方。

道家習慣於這樣，當它面對浩瀚的宇宙，感到疲鈍的邏輯之刃無法剖析自然之「道」時，往往操起象徵手法，孰料這一「童心模式」，竟由此被融化進了東方思維的骨髓中去了，並且生了根。

道教不僅繼承了道家的家風，而且走得更遠。當丹學把喻言發展到隱語時，便使這一致力於探索性命之道的學術流派，更顯得遠離塵世了。

休施巧偽為功力，認取他家不死方。
壺內旋添延命酒，鼎中收取返魂漿。

──《悟真篇》七言絕句四十八

言欲自修者，應於吾身之壺內，旋添金精以煉之，其自己之鼎中，收取木液以滋之，則丹藥可成，神仙可冀矣。是安用他求外索，以為長生之方耶？

──《悟真篇正義》

這裡的壺，指玄關。

－570－

採玉壺之大藥，煉金液之還丹。

——紫虛了真子《金液還丹賦》

純陽子曰：腎有異名乎？正陽子曰：腎者司北，其干壬癸，其德在水，其卦曰坎，其名……曰玉壺」，這裡的壺指下丹田。

——《道樞》卷五

心者，在肺之下一寸三分，曰玉壺，內有虛白一氣。

——《諸真聖胎神用訣·玄葫真人胎息訣》

這裡的壺指中丹田。

那麼，這個身內玉壺中，有什麼景象呢？

莫若內外俱定，不出不入，澄心靜慮，觀乎壺天，則五方之雲起於上，女樂車騎陳於下矣。

——《道樞》卷二十五

……於是氣升神見，各隨其色紛紜上起。迴光返照，見五色之雲興於壺中。

——《道樞》卷十九

像不像是在描繪一個神仙世界？

靈苗種子產先天，蒂固根深理自然。
逐日壅培坤位土，依時澆灌坎中泉。
花開白玉光而瑩，子結黃金圓且堅。
成就頂門開一竅，個中別是一乾坤。

——瑩蟾子《詠葫蘆詩》

李道純的葫蘆，已不是再籠統地謂身內、丹田，他以葫蘆的下種、澆灌、培育、開花、結果幾個過程，來暗示精、氣、神在內煉中的微妙變化，如果把這首詩放在文學讀物上，那麼，它與普通的田園詠物詩詞，實在是沒有什麼差異的了。甚至，把它作為謎面，給出謎底為葫蘆，也並非不能說過去。

李道純並沒有把葫蘆裏的藥物說明了，清代賀龍驤編輯的《女丹合編》中，收錄的《壺天性果女丹十則法》，倒是一篇藥物明確、火候詳細的女丹佳作，誠屬難得，丹家的壺中天地，可謂和盤托出，下邊對其做個介紹：

這套內丹功法具有很好的系統性，共分十個階段。其中以養真化氣第一則為下手工夫，認為：

女子初工，先煉形質，後煉本元。不似男子之功，先煉本元，
後煉形質。其體各殊，其工自異。若不分門立教，何以造化陰陽。

所謂「形質」，指形體與月經、精液；「本元」，指先天之氣。男子煉功，
首從採先天氣下手，然後再將精竅閉住，使無洩漏，此謂「先煉本元，後煉形
質」。女子煉功，首要煉形，待「斬赤龍」煉斷月經，兩乳縮如處女一樣，然
後再採先天氣以結內丹，此謂：「先煉形質，後煉本元」。因此，女子修煉的第
一步當養真化氣。養真化氣工夫，當靜坐行持。

從丹田血海之中，運動氣機，照著心內神室之地，覺有清氣一
縷，自血海而出，定久之際，其氣必動。

「血海」，《內經》說，腦為髓海，胞為血海，膻中為氣海。胞居直腸之上，
膀胱之後，在女子名為子宮，為通調月經和孕育胎兒之處。「心神內室」指「膻
中」而言，即兩乳中間心窩一竅，煉功之際，意守膻中，以真意引動身中元氣，
覺子宮中有清氣上行，心靜息調，神氣凝合，照此情景，儘量做若干時刻，既
不散亂又不昏迷，是名為「定久」。定久之際，其氣必動。

隨其氣機鼓舞，自然向上飛騰，衝上泥丸，復轉下降。期時微
以意引之，隨著氣機從泥丸降下重樓。此時切不可用意，恐傷形體。
即隨氣機自重樓下兩乳間，內有空穴。凝聚良久，若有動機，照前
行持。行之不過四五十日之間，其氣已透，血化為氣，赤化為白，
斯時丹元已露，道心已誠，若能堅持靜守，再求上進，苟能朝夕不
解，時刻用功，何患大丹不結。此乃女子第一步工課。

第二則九轉煉形，是在養真化氣的基礎上進行。所謂「煉形」，是指調和
攝養之義。

當其坐時，用神機運動，候口中液滿，微漱數遍，俟其清澄，
然後用鼻引清氣，隨同玉液咽然下重樓，入於心舍，下降黃房，至
關元血海而止。略凝一凝，從血海運至尾閭，升上夾脊，透頂門，
逕入泥丸，仍從泥丸復行，下降至兩乳間而止，停聚良久，使津化
為氣，是為一轉。

此段工夫，丹經中叫作「玉液河車」煉時即非聽其自然升降，亦不是以力
強迫使之運行，但以意隨氣行而已。人之神意最為通靈，無處不到，故能宛轉
如是。須當煉功之時，自覺周身通暢，腹中暖氣如火，騰騰而上，口中液清如
水，源源不斷，即為「津化為氣」的證候。開始做工，不能到此地步，但勿燥

勿急，慢慢就會有此效驗。如此運煉，三轉即畢，當用兩手捧住兩乳，使其緊縮如球，將乳頭、乳囊輕輕旋揉 36 次；接著，捧右乳使之向左，捧左乳使之向右，皆至膻中而止，亦 36 次。三轉一番，反覆依前運煉，共計三番，即九轉煉形。「倘女子沉潛莊重，根深器厚者，行不過百日，而形已煉成」。若為童貞少女，根基牢固，可以不煉此步工夫。

第三則運用火符，這是「搏氣致柔」的工夫。女子煉功，經養真化氣、九轉煉形之後，便當運火煉藥。「符到火足，其氣必凝」。此氣乃純陽真氣，沿任督運轉，下降「血海之中，必如魚吸水一般。斯時四肢若醉，身體難容。到此地位，必拿定主宰，切忌意散，不可放縱，一念守中宮，停聚良久，它（指真氣）自然向上沖關，升入泥丸，化為玉液。以意引下重樓，還至兩乳間而止。用凝氣之法，以混合之，使其聚而不散。久久行之，自能達本還元，以通胎息」。

默運胎息為第四則工夫。女修煉者如能按照以上口訣方法，盡心修持，自然真氣日生。

> 真氣既生，血化為液。其液自兩乳中間流通百脈，潤澤周身。此液是血化成，常用身中玉乳以養之，即能鎮靜中田，以為超生之本。乳者是中呼吸之氣也，呼吸由中而生，亦由中而定。倘得玉液歸根，故以此氣以凝之，其液方無走失，可倚此而結成還丹。

所謂「玉液歸根」，即指運煉血海中化生之氣，歸到膻中一段工夫。「中田」、「中」，就是膻中。「氣以凝之」，就是凝神入氣穴，「只用中宮內運呼吸，隨著口鼻之呼吸而行，出入自由，無礙無滯。久久行之，自然息息歸根，呼吸之氣覺得不由於口鼻一般」。這就叫做運先天之氣，成胎息之功。此段工夫極細極微，必待前功純熟，方可行此。故書中告誡說：

> 若不純熟，必得奇病。為害不小。女子修此，當自謹省。

第五則廣立功行，第六則志堅行持，主要講述道德修養，日常規戒，有六戒之說：一要孝養翁姑，二要端方正直，三要謹慎言語，四要小心行持，五要尊師重道，六要立志存心。「以上六戒，誠為女子修行之要道，著實工夫」。

第七則調養元神。即依照戒規，嚴尊法度，「將他心性磨成一塊頑石相似，必須煉而復煉，磨而復磨，直至養道心花開放，本體光明。到此時性已養純，神已入定，內外貞白，表裏玲瓏，此誠所謂『萬頃冰壺光射目，一輪明月映深潭』。纖塵不染，體相皆空。行到此時若運煉之時，自有一番清靈善化之機，照映在腔子裏。定久之際，渾然若死人一般，不動亦不言，不食亦不饑。」此

乃自然的現象，不是勉強的做為。需要特別注意的是，此刻須請人扶養護持，待入定者靜養，「任其自聚自散，或或一、二日，或五、七日，或十餘日，皆不可動，必當用人日夜扶持。待等他鼻息微微，神光半露，方可低聲呼之」。切記不可因其入定，便妄驚叫喊。「若妄驚動，恐傷神體，必走入魔宮，為害不淺也。女修至此，當留心著意，誤致差失」。

第八則移神出殼、第九則待度飛昇、第十則了道成真，所述內容應該是跳出壺外的情景了，神秘色彩過於濃厚，似不可信。把「天人合一」的最高境界用神話來描述，這是內丹家的慣用手法，比起隱語之用，尤顯得拒人於門外。

值得一提的是，《女丹十則法》介紹的女子丹法，除了開始階段與男子有異外，後則殊途同歸。丹家的壺中秘密，在此一覽無餘。

話又說回來了，雖然壺中的秘密並不多，也就那一點。

但是要找到這一點，不走萬里路、讀萬卷書，坐上一千零一夜，還真不行。

就像沙裏淘金，把整座大山翻了一遍，哦，就為得到了這「一粒」乾汞（干汞）、「一塊」真金。

稱其一粒吧，它又「其大無外，其小無內。」

嘖嘖，古人這一句措辭，歎為觀止矣！

古人道「壺中天地寬」理解了嗎？

難以理解……只能意會……

你說丹田還在身上嗎？

在……也不在……

本人也曾問過一些佛教徒，乃至大和尚，可知那「塔」的意義？

知其奧妙者……未嘗見之……

> 夫此一竅，亦無邊旁，更無內外，乃神氣之根，虛無之谷，在身中求之，不可求於他也。此之一竅，不可以私意揣度，是必心傳口授。苟或不爾，皆妄之矣。
>
> ——《金丹四百字》

> 問之六曰：佛是何法起手？
>
> 答曰：佛以對鬥明星起手。對，即中華返觀是也。鬥，即北斗丹田是也。明星，即丹田之炁發晃是也。不對鬥明星，萬萬不能成道。釋教下手一著最秘，吾今全露，爾當默思默思。
>
> ——《金仙證論》

得到這一炁的時刻，吾人整個地就，嗯，用四個字描述：「粉碎虛空」。

六個字：「錢還在人沒了」。

三個字：「去死吧。」

從這個「藥鏡」中出來，呵呵，馬上明白了古人之說：

> 黃庭一路皆玄關。
>
> 人身無處不丹田。

嗯，還有陸九淵那一句：

> 宇宙便是吾心，吾心即是宇宙。

哦，或者改動一下，氣穴是我，我是氣穴？

佛系對此也有一句描述，那一句比道系的要牛，「遍及一切處。」

修行人，深入了玄關，鑽進了壺中，你就了了分明了，眼前就是大羅天：「遍及一切處」是個什麼東西？

就是婦孺皆知的丹田啊。道謂「黃庭」佛謂之「塔」。

> 璇璣者，即黃赤之消息，天道日月之循環。由黃赤而行丹道，神炁之循環，依任督而運。七悟祖師云：採取以升降，從督脈上升泥丸，從任脈下降丹田者。蓋真陽之炁，不能自循環於乾坤。須假呼吸之氣，吹動元關橐籥之消息，逼逐真陽，通任督，達乾坤，合玄關，而為天地。吾身造化之一大總竅矣。紫陽云：一孔玄關竅，乾坤共合成是也。
>
> ——《金仙證論》

此物究竟多大多小，看老子的高足尹喜的文采了：

> 是道也，其來無今，其往無古，其高無蓋，其低無載，其大無外，其小無內，其外無物，其內無人，其近無我，其遠無彼。不可析，不可合，不可喻，不可思。

這樣的「一物」，如此的「丹田」，還能容不下個「二氣」？或者「二脈」？

> 當生如是心，絕待本靈明。
>
> 迦葉門庭廣，直是不容針。
>
> ——普庵《金剛隨機無盡頌·究竟無我分第十七》

達摩祖師有話說，「心心心，難可尋。寬時遍法界，窄也不容針。」

心性本無大小，心性超越陰陽。大小的概念緣於妄想、識神。「達摩」以此偈，破除人們對心性的形相執著，告訴人們，不能從大小、形狀來認識心性。

說其大，萬法不出一心之外，一切唯心矣。言其小，即便是細微至針尖麥芒內，也是心性的所在，也縱橫於其中。道曰：「一粒粟中藏世界。」

　　　一家有事百家憂，心淨還如佛淨土。

　　　盧陵米價也尋常，一粒破時全體露。

　　　　　　　　　　　　　　　　　──普庵《偈頌十四首》

在（經絡）圖示上的那一個──所謂丹田啊，涵虛李真人說過了，那是「死的」誅。

「死的」是個什麼意思？就是「標籤」啊。

此一玄竅，天人合發時：

機至，他有形，我也有覺；機息，其無影也，也無蹤。

　　　曰：「何謂天？何謂人？」

　　　北海若曰：「牛馬四足，是謂天；落馬首，穿牛鼻，是謂人。」

　　　　　　　　　　　　　　　　　　　──《莊子·秋水》

拾人牙慧說一句：丹田即是宇宙，宇宙即是丹田。

普遍的，「道人們」喜歡把他們的丹田視為「儲氣罐」──

我在北大清華曾聽過一位小有名氣的某地大師佈道，他撫摸著大肚囊子說：「這裡全是真氣啊。」

一會兒，他中腹部又凸出一球狀物，「看，氣到中丹田了。」

最後撫摸著腦袋說：「到上丹田了。」

我仔細地看著，真擔心他那裡再凸出一個包來……

還好，腦袋沒有什麼變異……

長出了一口氣，真是虛驚了一場。

趕緊鼓掌：好活兒！

2

「蘇非」（Sufi）一詞係阿拉伯語音譯。它的起源主要有以下三個方面：一是由《古蘭經》中大量隱晦未明的經文衍化而來。二是受新柏拉圖學派的影響。新柏拉圖主義的主要思想是：上帝是絕對超驗的，任何描述都不適合他。最接近上帝之光的，只有人類的靈魂。三是伴隨著穆斯林的擴張和商貿活動，受到了波斯、印度和中國等東方文化的影響。

在圍繞著血腥的哈里發人選的角逐中，一些有虔誠信仰的人遠離政治鬥

爭，仿傚穆罕默德早年在希拉山洞潛修的做法，堅韌、虔敬、克己、念頌和懺悔。這一時期苦行主義和禁慾主義就成了蘇非派的最早形態，他們通過克己守貧來求得內心的純淨和精神上的慰藉，不貪圖現世的物質享受，注重個人宗教功修，清心寡欲，沉思冥想，長期誦經、祈禱、齋戒和坐靜，隱居獨修，或出家漫遊四方，沿途宣教，靠別人施捨和個人勞動為生。他們認為人類的靈魂最主要的本質是愛，愛能使「人」與「主」相接近，引導人們達到天堂的道路是全神貫注的愛：

> 拿出一切去為愛豪賭吧，
> 要是你是個修行人。
> 如果你不是，那就請你
> 離開這個聚會。
> 你出發覲見主宰，
> 卻走走停停；
> 半心半意的人
> 是抵達不了大莊嚴的。

——Rumi（1207～1273）

　　7 世紀末，苦行主義和禁慾主義作為一種社會思潮得到迅速而廣泛的發展。到了 8 世紀中葉，蘇非派的發展進入了神秘主義階段。這時候出現的代表人物就有被稱為女聖徒的拉比亞・阿達維亞（717～801），她提出了神秘主義的愛，主張將真主與信仰者的關係從主僕關係變為愛慕和認知關係，使信仰者由敬畏、順從變為喜愛、親近真主。

　　在蘇非神愛論出現之前，伊斯蘭教義中人與主的關係是主人與僕人的關係，僕人應當敬畏主人。蘇非主義神愛論徹底顛覆了這種關係，如果用「全神貫注」來詮釋這種「神性之愛」，我覺得沒有什麼不妥當。愛也自然成為接近祂、認識祂、最終同祂在精神上「渾化」的唯一途徑。蘇非主義提出通過神秘的直覺來認識真理，是憑藉個人靈魂的閃光所獲得的一種神秘的直覺，而不是通過理性和公認的聖訓。認識的方式是通過沉思冥想，啟開「靈知之門」，進入「無我」的精神狀態，與天上之光交融，以「我」的死亡，達到與祂（「造物主」）的合一。

> 啊，我的靈魂，
> 你在時空的路上來來去去。

在無聊的遊戲裏，

你不會找到出路，

所以請你認真上路吧。

用你全部的生命唱一首歌，

然後你不再需要唱歌。

用你的全心去愛一個人，

然後你不再需要戀愛。

用你的全部信心去走一條路，

你就會結束流浪。

把自己臣服在一個這樣的師傅面前，

然後你就不再需要尋求。

用你全部的靈性去做一個祈禱，

然後你不再需要祈禱。

在天主的面前徹底的死一次，

然後你就不會再次死亡。

呼吸，我的愛，呼吸，我的愛，

在寂靜的中心呼吸。

——Kabir（1398～1518）

這是一首在西方被廣為傳唱的《Kabir's Song》，最後兩句的英文是：

Breathe my love, breathe my love,

Breathe in the quiet center.

從修行之道來說，在丹派中它的確切含義是「胎息」。

又，其所謂「愛人」者，即「上主」即「真人」也：

愛人，我們同呼吸共命運。

猶在母體，心息相依。

卡必爾是伊斯蘭名，實際上是阿拉伯文，在《可蘭經》中可查到。他隸屬的「久拉哈」階級在定義上就是穆斯林，雖然如此，它一直被爭論著——從根本上，卡必爾的古魯是一個印度教徒，他的傳承也更多地在印度教的框架裏，雖然許多歌中有包括簡略的伊斯蘭主義的成分：

一面旗幟，

在天上的宮殿飄揚。

一塊藍綢伸展開來，飾以月華和無數珠寶。

太陽和月亮在此出沒，凝視時，

記得先把心靈至於寂靜。

告訴你吧，

飲到此甘露者，

走在世間，

形同瘋子。

有趣兒的是，他並不特別喜愛任何一個宗教：

瑜伽士、雲遊僧；

苦行者、禁語隱士；

回教狂舞者、托缽僧；

噢！倘若沒有愛，

任何人都不能

進入明師的花園。

他只是把修行的真相傳述給予這兩派中能體會的追隨者。他用心說出無畏的話，從不討好。而且，其中大部分的詩歌都致力於轟炸兩教的神學，好像是由某個內外了若指掌者站在上方的俯瞰：

不要問一個聖人，他屬於哪個種姓；

因為祭司、武士、商人，以及所有三十六種姓，

都在尋找一個神。

當意識擺脫了妄念，它還迷戀著文字。

聽我說，親愛的修行者，正道何其難覓！

大致上，卡必爾被現代印度教徒認作聖人。

實際上，他已成為印度教之神，在印度教廟中可以找到他的神像。

這是聖人的反諷性命運，因為他反對偶像崇拜的程度就跟希伯來先知一般強烈：

紙

是牢獄；

墨水、崇拜儀式

是鐵窗；

石像

淹溺了世界。

羅婆門、宗教學者，和思想家

沿路投下它們。

我去麥加

去幾次了，卡必爾？

噢！上主，

我出了什麼問題嗎？

為何您不肯對我說話？

噢！海螺，

請留在海底。

一旦離開，

你將在日落時，

從這個廟宇，

嘶喊到那個廟宇。

　　卡比爾的印度教仰慕者並不否認他的伊斯蘭教的出身，也很少去解釋。然而，一個聖人──不僅是穆斯林，而且不識字，又是低世襲階層，卻如此博得如此講究的印度教徒的心，並且被他們提升到如此卓越的地位，這在歷史上是史無前例的。呵呵，所以古人說「酒香不怕巷子深」，真東西不待輸出自有人取。《道德經》、《孫子》、《毛選》，有那國政府不研究？

　　這位生於六百年前，一生致力於實踐真理的聖人，又透過天賦的詩才來詮釋真理，贏得了各派和歷代，凡知味者，不論是錫克教、印度教、佛教，皆尊敬卡比爾為先知和古魯。「偉大的聖者」傳遞的信息，無論在古代還是現代，東方還是西方，是共通、全息的。嘗一臠肉而知一鑊之味一鼎之調：

《愛的代價》

之一：

這是愛的住所，

不是你姑媽的房子，

提著你的頭，

放在地上，

然後勇敢地踩著它

進入愛的家。

之二：

愛不生在你的花床，

也不販賣於貨攤上；

帝王或布衣，

無論是誰想要愛

都能快樂地擁有

只要提頭來換！

之三：

只要你還怕死，

莫稱自己「愛者」；

因為愛的領域，

對你這樣的人

遙不可及！

之四：

飲了愛之醇酒者，

須獻上他的頭顱；

自私者不能付此代價，

卻泛濫地談著愛

毫無意義！

《沉醉在愛中》

之一

卡比爾不知足地

啜飲了愛之甘露：

他已經經過水火的燒製。

這個烘焙好的容器，

再也不能放在陶匠輪上。

之二

祂的愛酒

倘若你啜飲得多

就會沉醉；

但這酒很難獲得，

因為酒販子

噢！卡必爾，

他要你提頭來見！

之三

卡比爾，

許多人圍著酒販的挑子，

但唯有獻上自己頭顱的人，

才能喝個心滿意足，

其他人則口渴著離開。

之四

酒醉的這位

醉倒在混沌中。

他已克服欲望，

完全免於憂慮，

在愛的符酒中，

他活著卻越過

閻王的奴役。

之五

凡得到瓊漿玉液者，

無不珍愛這無極之樂，

他們啜飲，沉醉其中。

他們已獲得稀世奇珍，

並且知道佔有世界，無用

之六

卡比爾啊，

試過許多煉金術配方，

但是無一像祂的愛。

只要天上的一滴進入汝身，

汝即點石成金脫胎換骨。

《愛的歸屬》

有一曲天籟，沒有吹笛的人。

有一盞燈燃，沒有燈芯兒和燈油。

有一朵荷花，沒有根莖地獨立在水面上。

一朵花開了，百花同時開。

月光鳥，一心都是月。

雨鳥只盼，雨季何時再來，

我的愛，歸於誰？

《愛的蘇醒》

請明白：

無物可永鎖鐵門，

新來的愛將它重開。

開門的聲音，

驚醒了睡美人。

卡必爾歎道：

多麼不可思議啊，

莫讓大好機會溜走。

《愛的擁抱》

當他真正擁她入懷時，

新娘已遇到她的摯愛。

他的臉龐熠熠生輝，

讓每個注視她的人，

眼花繚亂

《愛的箭簇》

至愛拿起箭，

穩穩地放在弓弦上，

致命的一箭射穿我心，

誰知我會在創痛中——

死去或復活

《愛的舞蹈》

時候到了,來一個愛的舞蹈。
坐穩了,屏住呼吸,
在你神秘愛人的懷中搖晃。
飲下天上的甘露,陷入混沌。
把你的臉龐移近他的耳畔,
對他說你最深沉的願望。
兄弟姊妹們啊,請把愛人的模樣、臉龐,還有香氣,
整個,帶回你的家。

《愛到無語》
當愛使我流光溢彩,
我又何必再浪費語言。
既然知道鑽石在那裡,
何須一再地打開來看。
空釜落地時,它往上彈;
滿滿的一鍋,何苦過秤?
既然天鵝飛抵山巔之湖
又何必再瞧水溝和窪地?
心上的人已經來到,
何必四下張望?
兄弟姊妹們,請聽我說,使我青睞顧盼的那位貴客,
已到舍下。

《愛的顏色》
薑黃,石灰,
當愛者和被愛遇合,
前者的顏色,消失在後者中。
噢!愛是賜福的,是消業的。

《愛的純釀》
在主的王國,
飲他的酒。
我整個地,
醉了。

我以高昂的代價，

獲得稀有的糖漿；

並以奉獻做酵母，

在自己的桶裏，

精練上主的酒，

並飲醉，入定。

很早我們就認識了「愛」、「情」兩個字，誰還能想起最初感悟到這兩個字合在一起時候，那時的心境呢？對，那就是人們身心中最初的一次「激動」，它像海洋一樣淹沒了我們，愛情中的人要是去弗洛伊德醫生的診所，他會告訴你病得不輕啊。

榮格說「愛情」這個虛無縹緲的東西從根本上來源於人們自身人格中集體無意識（其實翻譯成集體潛意識更為恰當）的阿尼瑪或阿尼姆斯原型，阿尼瑪原型指的是男人心理中女性的一面，阿尼姆斯原型是女性心理中男性的一面。既然屬於集體無意識的範疇，與其說是每個人與生俱來的對異性的嚮往，不如說是每個人對自己失去的「好精緻」的那一「部分」的懷念；與其由海公公定義「太監是一個不完整的男人」，不如從生物的角度定義所有的人都是「不完整的人」。不是嗎？雄性或雌性，每一個體都具備對方的、異性的所有特徵，只是呈顯性和隱性的不同罷了。

人們無法對這種東西加以控制，它會在特定的條件下發生。有人定義「愛情是一種化學反應」，它的化學反應式尚不明確，但是它激起的「心裏能」的確是一種不可控的力量，相信你體會過。所以古希臘哲學家德謨克利特「不贊許戀愛」，據羅素介紹，「他不喜歡任何激烈的熱情的事物」，而戀愛中的激情「就包含著意識可能被歡樂所顛倒。」（《西方哲學史》下冊）顯然，這種「心理能」由於不受人們自我意識的控制，其存在是短暫的，而能量是巨大的。同時根據弗洛伊德的觀點，作為「愛情」源生地的「本我」一旦突破了「超我」的束縛而進入「自我」，則會成為一種精神病態並釋放出不可遏止的力量。但隨著超我的成長和自我的恢復及完善，本我和自我仍會分道揚鑣，這也就注定了這種「心理能」的不可持久性，「故飄風不終朝，驟雨不終日」，丹派的玄竅現象和這個極為相似，在那種瀕死狀態之後，「識神」就基本上被推下了統治地位，「悟後起修」就是對其與生俱來的「習氣群」進行的「斬草除根」。你再讀《道德經》就知道老子在推開「眾妙之門」之際，迎面而來的是什麼了，「此

情可待成追憶，只是當時已惘然」。

> 玄之又玄，眾妙之門。
>
> 空之又空，一法常存。
>
> 要見本來真面目，除非直入這三門。

——普庵《題三門》

望眾妙門外，天地混沌，唯余茫茫……

穿眾妙門時，唯覺眼前一「亮」：

人道走到盡頭，「接著」就是天道。

當下，我們就明白了什麼是「如來」，也「如去」。

故曰「活在當下」，也可說「死在當下」。

即也「生我之門死我戶」。

氣穴又謂玄關、生死竅：

其興，如來，也勃焉；

其亡，如去，也忽焉。

這個入門，就是出口。

經此「失落」，就是解脫。

一旦進去，就是出來。

好了，各回各家各找各媽吧。

遊戲結束了。

同時，也可以說，新的一局開始了。

易曰「生生不息」者。

這個過程很是「失落」：

「他」原來是「識神主事」的終結者，「吾喪我」的策劃者。

而天地之根，落在黃庭。

紫陽真人道「種得黃芽漸長成」；

三豐祖師謂「無根樹」；

釋道同曰「真種子」。

> 落得胸中空索索，
>
> 凝然心是白蓮花。

——耶律楚材《過天山和上人（丘處機）韻》

最早提出神愛論的是 8 世紀末的女蘇非拉比雅·阿德維婭（約公元 717 年

～801 年）。拉比雅對祂的神秘之愛的表述，把蘇非苦行和禁慾主義帶入了神秘主義發展階段，構成了蘇非神秘主義的基礎。

據傳她整夜行功，當黎明到來時，她就在禮拜毯上稍稍睡到黎明消失。

據說她每當從床上起來就說：「心呀，你睡了多長時間了呀！你想睡到什麼時候呀！你的鼾睡幾乎只有復生日集合的號角能把你驚醒！」

我把這位實修的幾首詩歌安排在這一節譯出，它的意思由你自己去琢磨。

> In my Soul there is a temple, a shrine, a mosque, a church where I
> kneel.
>
> Prayer should bring us to an altar where no walls or names exist.
>
> Is there not a region of Love, where the Sovereignty is illuminated
> nothing,
>
> Where ecstasy gets poured into itself and becomes lost,
>
> Where the wing is fully alive but has no mind or body?
>
> In my Soul there is a temple, a shrine, a mosque, a church that
> dissolves,
>
> That dissolves in God.

　　在我心中
　　有一座神殿，一座寺院，一座教堂
　　讓我在這裡跪拜
　　祈禱應該把我們帶到一個
　　沒有圍牆也沒有名稱的祭壇
　　愛的國土，
　　一個王權不到之地，
　　在那裡，法喜如傾盆的雨
　　淋濕了自己，迷失了自己
　　在那裡，翅膀滿是力量
　　腦袋和身體在哪？
　　它們消失了，
　　消失於造化

> I have made You the Companion of my heart.
>
> But my body is available to those who desire its company,

And my body is friendly toward its guest,

But the Beloved of my heart is the guest of my soul.

我把你放在心中

我的知心人

我允許他人與我同坐

軀體屬於席友

心屬於密友

O my Lord,

The stars glitter

And the eyes of men are closed.

Kings have locked their doors

And each lover is alone with his love.

Here, I am alone with you.

主啊，您如明星一樣升起，

眾人的眼睛卻閉合了，

國王也關上了禁城的門。

情人與情人獨處分享他們的愛，

這兒，只有你和我。

O God, Another Night is passing away,

Another Day is rising ——

Tell me that I have spent the Night well so I can be at peace,

Or that I have wasted it, so I can mourn for what is lost.

I swear that ever since the first day You brought me back to life,

The day You became my Friend,

I have not slept ——

And even if You drive me from your door,

I swear again that we will never be separated.

Because You are alive in my heart.

神啊，又一個夜晚過去了。

黎明到來。

告訴我，我已經度過了那個晚上，現在是和平的

　　或者說，我已經浪費了所以我要為失去的哀悼

　　我發誓，自有生以來的第一天您使我復活

　　這一天您成為我的好朋友

　　我還沒有睡

　　即使您送我出門

　　我們也永遠不分開

　　因為您活在我心中

　　這種如出一轍的、以「愛情」作比的敘事方式，在伊斯蘭教中的蘇非和基督教的隱修士中，是被廣為採用的一種「傳統」：

　　我之所以使用比喻，是因為我說過我找不到更好的說法。

　　你們知道了上帝以其仁慈，使祂如此地屈就與人靈結合，這種比喻無疑的是太粗淺了。但是除了「神婚」，我還真的找不到更恰當的比喻，來使你們更為清晰我要說的神修。我所說的結合，與世俗的婚姻區別很大，相差很遠，它是形而之上的，期間的神樂與神味，超越世俗婚姻中千百倍。全部的相互之愛，以及這愛情的工作是極為聖潔的，微妙與溫馨的，人們是沒有辦法解釋的，上帝卻有能力使我們感而遂通。

　　這個示現是與以前完全不相同的，它使這個人完全出神了。她非常的恐怖，源於這個神見有著特殊的衝擊力，並且前所未見。

　　哦，這個奧秘啊！女兒們，我不停的在尋找辦法，使你們明白，否則，你們會認為此乃癡人說夢。

　　……祂在一剎那間便與靈魂交融，這個玄妙的秘密、崇高的聖寵、強烈的喜慶，我真不知道用什麼來比喻。

　　……在天主的懷內，流出了乳汁的河流，環繞著宮殿，所有的居民，共享這個生命的蜜流，時時掀起一股浪濤，衝擊著肉體的部分。就像一個人未曾想到地跳入水內，也不能阻止自己感到水的存在。

　　……如果沒有這個湧出泉水的泉眼，也就沒有這種感覺了。同時看到，在自己的內心深處有一位天使，射出了使她受傷的利箭，給予她的生命以外的生命。此外，還有一顆太陽，從那裡放出光明。

　　……至於靈魂，一如我在前面所說的，在這中心裏她連動彈一

下都不可能，因為那正是宗徒在一起時，慨然賞賜平安的上帝，正在賜予平安啊。像吾主向榮光的瑪達琳納所說的：「平安地回去吧」的效力一樣。

——St.Teresa of Avila（1515～1582）

再看這位一生從事內修的聖女，對「活子時」的描述：

很多次，只要進入冥想，或者感覺死亡將至，一下子，不知道從哪裏，或者怎麼樣，便有強力的一擊或者像火箭一樣的射中，我並不說它是一支箭，無論怎樣，我們清楚地知道，它不是在我們身體上發出的（「道自虛無生一氣」）。雖然我用了「一擊」這個詞，只是個比喻。因為外傷是尖銳之痛，而這個「傷創」是在靈魂深處，在內裏。這個火光，一閃即逝，使我們現世人性所有的一切（「習氣」），化成齏粉。在這個過程中，靈魂像是出竅離體了，因為所有的感官，彷彿一下子被束縛住了，失去了任何自由。

我沒有絲毫誇張這個神逸，如同我所說過的，意識消失殆盡。⋯⋯我重複一句，因為這些痛苦，使人感到並不是在身體上，而乃是在靈魂的深處，這個人也瞭解了，這些痛苦是遠遠超過肉體的痛苦，這正好似煉獄的痛苦，人的靈魂，雖然與肉身份離了，但是她的痛苦反較比在肉體內的一切痛苦為更甚。

如果你們有一天達到這個境界，你們要知道在這個過程中我們本性的脆弱。有很多次，在瀕臨死亡的感覺中，似乎死亡正在發生，身心似乎正在解體。她祈禱這個苦難減小些，以便不要死亡，這個恐怕是來自人的天性的脆弱。另一方面，死亡的感覺並沒有離開，直到吾主給她一個美妙的適可而止。

它不是在迫不及待的期待中，而是在「漫不經心」之間，忽然地，我主的聖像就完整地顯靈了，它翻騰了靈魂與感官，並加給它們震顫與紛擾，就像保羅被打倒在地時一樣，這是為了等一下賜給他無比甜蜜的平安的前奏。首先，在空氣中有一個風暴形成，在我所說的這內在世界中，先是產生一個巨大的動態。然後，如同我說過的，一下子就進入了和平與寧靜中，並獲得真理的指教而不需要老師。真正的大智，將我們的小智驅逐淨盡，其間個人不需要一點點的作為。

　　姊妹們，我之所以願意給你們說得如此清楚，以便使你們在親臨實地之際不必驚奇恐慌。有些時候，人們絕沒有想到自己是這個神寵的對象，也沒有想到自己堪得這樣恩惠（「皆能成佛」）。

　　如果（你求教的）神甫們是斷輪老手，他們會為你稱道。

　　再看她言下的「不省人事」的「神奪」境界，道學愛好者們自己拿去，和老子的「恍兮惚兮」、丹派的「識神退位」作對比吧：

　　如果說她在愛，她並不知曉，也不知道愛的是誰，更沒有什麼意願，對世俗而言，她死亡了；對上帝而言，她復活了。我之所以說這是一個死亡，因為靈魂在這時已經離體了，而與上帝融為一體。是的，我現在回想當時的情形，就是呼吸，人也不曉得是否還有。智力（「識神」）全力奮爭，但是它不會成功，它已完全被神奪了。即使它沒有完全神超，它仍然不能動彈手腳，正如人說的：一個人不省人事，如同死亡了一樣。

　　上帝喊醒人靈，方式和時間是不定的（「活子時」）。有時在默觀中，有時在恍惚間，忽然地，感覺是在我們的上方，有一道光明自外而來，深入靈魂深處，熠熠生輝。同時，伴隨著一個有節奏的聲音……靈魂就美滋滋地被點燃了，像是吸到了沁心的香氣，迅速傳佈在全部感官中。

　　這時候該怎麼辦呢？就是沒有丹派佛教這樣的「一脈嫡傳」，修女也在這個沒有明師指點的過程中，自覺不自覺地把握了「清靜無為」、「多知為敗」的共同原則：

　　女兒們，我們能給上帝帶去一些什麼呢？什麼？！我們有這個權利嗎？我們是什麼也帶不過去的！我們只要做了自己該做的，上帝則會欣納這本無價值的小工作，加入他的偉大工程，以自己來作為報酬。是的，祂幾乎是傾其所有，將我們的小工作連結於上帝的大工程中（「元神主事」）。

　　我們姊妹們，我們不必設法尋找理由，來瞭解天主的秘密，只要我們相信天主是全能的，我們也該相信一個地上的微蟲，像我們這樣脆弱的生命，是沒有辦法瞭解祂的偉大的！

　　攀達第七層樓臺之上，看嬤嬤之斷「習氣」，與「念起是病，不續是藥」如出一轍。

在那裡有安謐與平安，天主用她所作的一切，來充實她，教導她，這彷彿讓我們想起所羅門建築的聖殿。

只有祂與靈魂，在一個至深的緘默中，彼此互相享受著，不再受心智的紛擾。如果有時迷失了這個觀點，也會有人予以阻止，那也只是一個很短很短的小差。所以我說，官能在這裡並不是廢棄，而只是暫時不工作了，它們就像是驚奇的旁觀者。

同時，嬤嬤還不厭其煩地強調「虛懷若谷」對修行人的重要：

我再重複一次，這整個的建築，是以謙遜為基礎的，唯有如此，這樓才不致有倒塌的危險。只要人沒有真的謙遜，就不會攀得太高。

在應西班牙格那納達聖若瑟隱院，赤足嘉默會院長耶穌安娜姆姆的要求而寫於一五八四年的《心靈之歌》的前言中，聖十字若望也是同樣無奈地說：

是的，有關聖神啟示那期待著愛的靈魂，並顯靈給她們的事件，誰能表達之於文字呢？誰能夠用語言說出祂讓她所嘗味的東西呢？又誰能說出聖神讓靈魂所愜意的實情呢？真的，沒有一個人。就是連那些親身經歷過這一切的心靈，也不能夠。為此，他們才使用形象、使用比較、使用象徵，來吐露他們的經歷和神修的真相，揭開一些神秘和秘密。並且還無法說出其中的道理，而只能說出個體的感受。我們對於這些比喻，應該以純粹的精神之戀，來瞭解隱喻在其中的真相。不然，人們就會拿它們當作囈語癡言。而不認為它們是有嚴肅意義了。這個就是我們在所羅門的神聖雅歌，以及聖經內某些篇章中所看到的。在其中，聖神也不能借著通俗與一般習用名詞，更不能以隱蔽的語句，或者使用古怪的形象與比喻，來讓我們認識其中的深意，就是連那些聖人博士們，雖然用盡了他們的注解，並且使用了一切可以加上去的東西，但也無法完全成功的表達出其中的意旨。在這裡，我們所解釋的種種，也只是那隱秘含義中的極小的、極少的部分。

修道士一共有四本著作，所關心的基本上就是這主題。在基督教「神秘主義」學史上，《心靈的黑夜》與《攀登加默山》兩書多被視為一組，《愛情的烈焰》、《心靈之歌》看成另一組。在若望的理論中，主要是「黑暗」與「光明」的模式，他所要表達的是，修行的目標是一種愛的結合，基督徒透過信、望、愛，靈魂得以與神相似或說是與神聖合一。

在商務印書館的漢譯世界學術名著叢書系列中，有一本（託名）狄奧尼修斯的《神秘神學》，它的西方的形而上思維方式，與中國古代體用論思維方式，在抽象性上所具有的相似性，似為中西哲學的比較研究提供了可能性。但當我們走近時，發現的卻很是不同，作者清晰地表達道：「丟掉一切感知到的和理解到的東西，丟掉一切可以知覺的和可以理解的事物及一切存在物與非存在物；把你的理解力也放在一邊；然後，你的一切力量向上努力，爭取與那超出一切存在和知識者合一。通過對你自身和萬物的全部徹底的拋棄：扔掉一切並從一切之中解放出來，你將被提升到那在一切存在物之上的神聖幽暗者的光芒之中。」

「神秘」一詞在現代宗教語境中往往帶有一種近乎負面的超自然或主觀的個人化宗教體驗之意義，在中世紀神秘學中「神秘」之基本字義乃是隱藏。「神秘主義者」即冥想者或神修者，神秘一詞非神怪而是隱藏，即秘密，乃是因為上帝之不可言說性之奧秘，故需以冥想與修煉來達致瞭解與融合。「神秘主義」哲學是指那些建立在某種體驗之上的思想和學說。它由體驗者所處的不同文化的背景、有過的經歷而得到不同的解釋，比如「梵」、「佛性」、「基督」、「上帝」、「自然」、「道」、「天」、「元氣」、「太極」等等。這種不尋常的體驗往往給體驗者以極大的激發、啟示、信心和靈感，由此而創造出精神上的新東西，成為藝術的、哲學的、社會的，及至科學的新起點。釋迦牟尼、畢達哥拉斯、蘇格拉底、柏拉圖、普羅提洛、基督、奧古斯丁、艾克哈特、老子、莊子、孟子、李白等等創造出各種精神業績，也吸引了不少研究者們的興趣。人們從哲學、宗教、自然科學、社會科學等角度來研究它，這種研究也得到全世界學術界的重視。

在猶太人的傳說中，以色列國王所羅門由於得到了天使書寫的《羅潔愛爾之書》（後世稱為《所羅門鑰匙》），獲得了自由召喚和操縱惡魔精靈的能力。這本書記載了召喚的規則和咒語，但是這本書實際上是中世紀的術士們所撰寫，是文藝復興前神秘學占星術、煉金術以及中世紀早期，卡巴拉和格諾西斯神秘思想的綜合產物。

狄奧尼修斯是之後約公元 500 年，基督教神秘主義之父，是使徒保羅的雅典門徒，即《使徒行傳》裏的「丟尼修」，雅典首任主教。（託名的）狄奧尼修斯著《神秘神學》，論述探討上帝之不可言說性即未知性與幽暗性：

　　　我的論證從下者向超載者上升，它攀登得越高，語言便越力不

　　　　從心；當它登頂之後，將會完全沉默，因為它將最終與那不可描狀
　　　合為一體。

　　有翻譯家認為「神祕主義」譯得不謂妥當，在翻譯狄奧尼修斯著作的過程
中，將其翻譯為「冥契」，這個非常地扣題。所以狄奧尼修斯的代表作之一《神
祕神學》，也名《冥契神學》。

　　肯尼《牛津西方哲學史》這麼說：狄奧尼修斯的真實身份已不可索解。根
據他的哲學觀，或可判定他生活在近東地區，也許是在 5 世紀晚期。但此人的
真實身份還不如他的假託身份那麼重要。因為被歸於他名下的著作，聲稱是狄
奧尼修斯（《聖經》譯為「丟尼修」）所作，而狄奧尼修斯（丟尼修）在雅典的
阿雷奧帕古斯（亞略巴古）山上聆聽聖保羅傳道（徒 17：33～34）……託名狄
奧尼修斯的著作正統性十分可疑，與當時在西方占主導地位的奧古斯丁傳統
相當不協調。

　　「一個屬於世界級的人物，基督教歷史上最博學的大師之一」──N・庫
薩的尼古拉（Nicholas Cusanus1401～1464），這位在現代哲學家的心目中的那
個世紀中最偉大的思想家哲學家、近代哲學真正的創始人，他認為：（託名的）
狄奧尼修斯是最偉大的神學家。

　　尼古拉的老鄉路德則對（託名的）狄奧尼修斯有徹底的批判：「與其說他
是一個基督徒，不如說他是一個柏拉圖派。」即，和波拿文圖拉類似，狄氏試
圖以希臘哲學、柏拉圖的「原型」理念來論說上帝之事，試圖用原則、規律、
存在、至善等「純粹」觀念來言說上帝。雖然他否定了傳統的「神學」，雖然
連篇累牘地論述「上帝什麼也不是」，卻因其基於希臘固態、純粹的宇宙觀，
使用希臘哲學的理念，做命題式思考。事實上，從希臘哲學推不出任何真正的
「否定」來，因為東方神祕主義式的「否定」不是「推演」出來的，是「無為」
而來的，是「坐礙反通」之道。這顯然絕不是狄奧尼修斯、波拿文圖拉、奧古
斯丁、希臘、西方、保羅的基督教。從「愛智慧」的希臘哲學出發，論證不出
東方式的「虛無」之道的。因為「道可道非常道」，所以，老子只說了五千言。
因為上帝的「不可言說」，所以狄氏的這部書篇幅也不長，而兩者之間散發出
的同一種情緒卻是何等得濃鬱如此得相投。

　　《The Interior Castle》是嘉默羅聖母會大德蘭修女（Teresa of Avils）寫給
她的姐妹也是她的「女兒們」，赤足嘉默羅修女們的修行指導。

　　七寶在佛經中說法不一，《法華經》以金、銀、琉璃、硨磲、碼磁、珍珠、

玫瑰為七寶；《無量壽經》以金、銀、琉璃、珊瑚、琥珀、硨磲、瑪瑙為七寶；《大阿彌陀經》以黃金、白銀、水晶、琉璃、珊瑚、琥珀、硨磲為七寶等等。有漢譯者以《七寶樓臺》作為這卷基督徒密修的書名，其用意是顯見的。

　　大德蘭於一五一五年出生在西班牙阿維拉，從任何角度去看，這位修女都是基督宗教史上的一座燈塔。在女性地位並不高的十六世紀，她卻堪為當代赫赫有名的人物之一。身兼是宗教改革者、文學家、學者。尤其是，默觀生活是最卓絕的讚頌之祭，在四百年前，大公會議仍未下此定義時，她即發現了「基督」中的「秘密」：「祂是默觀生活的終極目的和存在理由。」祂極其堪當「在祂為自己的光榮造生的人群中，至少有一些人，全心全靈注視祂，且以此作為他們生活的唯一目標。」經過多年的修行，她解除誘惑人們離棄熱心愛德的一切障礙時，祂把自己顯示給了她，以至於讓她體會到自己「對祂的愛如此強烈，我不知道是誰灌注的。」

　　她的苦修生活，實在像是一頭騾子，穿著破麻布衣服，背著石頭在阿維拉城中穿行。這位「內外」兼修的大聖人，她的修行之道主要是祈禱和補贖。

　　一次，大德蘭乘坐的驢車翻覆，她被摔進了一條爛泥溪中，在抱怨上帝折磨她的時候，同時她說自己也聽到一句話：「我就是這麼待我的朋友。」大德蘭似乎明白了：「哦，上帝，怪不得你的朋友這麼少！」

　　這是一段多麼具有啟迪意義的對話，非常地彰顯了這位女修的文學素養。大德蘭著述甚豐：《自傳》、《全德之路》、《建院史》、《天主之愛的微思》等。

　　　　祂既是主，便能隨心所欲；

　　　　祂既愛我們，便能遷就我們的渺小。

　　　　祂不會一開始就讓人觸碰如此奧妙的事，免得渺小的人受驚
　　嚇！

　　　　祂會逐步擴展人的心智，使人終於能夠承擔祂所要給予的。

　　　　但祂不勉強人，人讓位多少祂工作多少；

　　　　在人們尚未全然騰空自己之前，祂也不會把自己完全給人。

　　以上是《全德之路》中的一段文字，是大德蘭為後人留下的實修經驗，修養有素的丹道研習者應該知道，它對應著紫陽真人的哪一句口訣。

　　在 62 歲修養臻至圓融之境，大德蘭又寫下了不朽的《靈心城堡》（又譯《七寶樓臺》），這是她一生的經驗和總結，她這樣說：「為了傳播福音能進一步，或是使一個罪人悔改，我願捨棄十個王國。我相信，如果我能令別人明白

信仰的真理，我會將自己的生命當成虛無的。的確，我相信只要能從苦難中拯救一個靈魂，我寧願忍受許多次死亡。」

她把基督教的隱修分成七個步驟，即從一個樓臺拾階而上，最終進入終極之光內。如果你對丹派、瑜伽具有研修，那麼她的這七寶樓臺就是「一目了然」的，因為平心而論，基督教的神秘主義的冥契之道，它的理論還是處於相當「粗糙」的階段，但是它的直白的語言，卻不失為人們瞭解「修行文化」的一條「捷徑」。

這部基督教靜觀默禱傳統的重要著作之所以稱作「城堡」，是基於一個比喻：人心好似一個水晶般透明的城堡，進入城堡意味著進入自己的內在。

大德蘭告訴她的姐妹們、「女兒們」，她進入心靈城堡的方法是「祈禱」：

> 依我所知，進入這環宇的大門是祈禱，祈禱即思想，真正的祈禱是不能沒有思想在場的。心不在焉的祈禱，就不知是向誰說，說的是什麼，縱然口唇在動也不是祈禱。還有人與上主交談，好似對奴婢一樣，信口開河這也不是祈禱。姐妹們，我希望你們虔誠的祈禱、默觀，發自你們的內心，並習以為常，這樣你們才能脫離眼下這可憐的狀態。

> 這是一種我認為也是超越的寧靜。它並不在黑夜中，也不在閉目靜坐中，它並不在於這些外表的動作，但是在不知不覺間，也要閉上眼睛！讓心靈沒有一點人工，靈魂便開始建築她的祈禱之塔：感官失去了它的地盤，而靈魂在漸漸地收復失地。

> 她像是睡眠中，又不是完全睡著了，但也不是清醒狀態，對外在乃至於對自己渾然不覺。實在說，靈魂在祈禱和結合的短短時間，似乎是沒有感覺了一樣，雖然她有心，也想不起過去，並且也不想，啟動思想。

> 這個靈魂，被天主完全剝奪了智慧，以便使她獲得真知。她在這個祈禱中，是什麼也看不見、聽不到，什麼也不瞭解的。當然，結合是瞬間的事，當然對我們來說，覺得比實際的時候還短促。上帝在這個靈魂的深處工作的情形是這樣的：在心靈復蘇的時候，她絕沒有一點懷疑，她曾在祂內，祂曾在她內。

> 普通的靈魂是要凋謝的，這是不容置疑的，除非我們的意志真正的與主的意志結合。

　　要是人們覺得我是在顯擺個人的經驗，這將使我非常羞慚，沒有比這可怕的了，因為我知道自己是個什麼東西。但是，只要上帝的光榮能廣為人知，那麼即使全世界反對我，也無所謂。

　　在我說的內在的火炬沒有點燃之前，你是不知道上帝的存在的，那時卻應該尋覓它（「有為法」），就像雅歌中的新婦一樣去做，也如同聖奧斯定我想是在默想或懺悔錄中所說的，我們應該問問受造物，是誰創造了它們。而不應當像無知的人們那樣等待。在天主給我一次的神奪之前，祂可能一年，或者多年，不給我們顯示神跡，至尊的天主，祂自然知其道理，而我們不知。

很明顯，基督教的祈禱功課和佛教的淨土宗在「方法」和「理念」上都是相通的，都屬於「持咒」法門。但前者顯然於文於質都是不可比擬後者的。聽憨山一句「口念彌陀心散亂，喊破喉嚨也枉然」，呵呵，不知要警醒多少修行人。

　　你們要注意，在第一座樓臺幾乎沒有一線從王宮內射出的光明……我解釋得不好，我是說處於這一層次的人，是看不見光明的。這並不是因為這裡不受光照，而是因為一群毒蛇爬蟲包圍著心靈，就像有人身處陽光下，但是他的眼被蒙住了，仍舊耽於世俗，沉溺肉慾，羈於名利，儘管有心反觀自己的美麗，但是因為阻礙重重，摧敵有心，縛雞無力。

　　為此，為了邁進第二樓臺，每人依照自己的身份，最好努力設法擺脫一切不必要的應酬與冗務，清心寡欲實在是不可或缺的條件……但是在這裡魔鬼所發動的各種戰爭，確實使人毛骨悚然，比起在第一樓臺時利害多了了。……耶穌啊！魔鬼在這裡的喧囂是肆無忌憚的，可憐的靈魂真是陷於天翻天覆地之中，她不曉得是該前進抑或退到第一樓臺。

　　那些經過與魔鬼的鬥爭而堅持不懈的修道士，在進入第三城堡後，就好像馬太福音中的年輕人問耶穌「我該做什麼善事才能得永生」，如果他向東方問道，紫陽真人會告訴他「饒他為主我為賓」。所以從第四層起人是被動的，上主是主動的。城堡中充滿了寧靜，如同泉水從天而降，滋潤著人的靈魂，一種無法描述的恬淡和靜謐，對應著丹派的「玉液還丹後」。在這裡，德蘭修女記錄了自己的一段

「問題」，達味者應該知道她這一層功境在丹道中的對應：

寫到這裡，我想起了一件事：就是我開始說的那震耳的聲音，它使我幾乎不能寫作和工作。那波濤澎湃，群鳥齊鳴之音，並不是通過聽覺而來的。我長時間體味它，像是從天而降的，願上帝使我到了更高的樓臺自然明白它的原因吧，在這裡解釋是不大合適的。如果上帝是要我更深刻的認識這事而加給我這種頭痛，我也不驚奇，因為無論如何它也不足以阻止我的祈禱，也不會使我不念茲在茲地不可自拔。

然而如果靈魂沉浸在高度的寧靜中，怎麼又會被這種噪聲所擾亂呢？

我不懂得，我只曉得我說的是真實的。

在修行中，在神魂超拔前（「得炁」），感受上是比較難過的（基督教稱為「神枯」期）。靈魂超脫（「出神入化」）之際，孆孆在書中稱為「神逸」：

我很多次在想，就像懸於天空的太陽，它發出的萬丈光芒剎那間抵達地球，那心中的也熠熠生輝的太陽，在它的力量下，靈魂能不超越和神逸嗎？

似乎，我已經不知所云了，卻如是我見：靈魂之超越，其猶如炮彈之出膛，卻又是無聲形無象的，除了神逸我不知道怎樣形容。確實，靈魂這時已經完全出離了自己，玄之又玄，在她回位的時候，像是換了一個人。

顯然，靈魂超拔後，靈魂就徹底寧靜了。

然而，如果因為這聲音的出現，使我放棄了修行，那就真是得不償失了。

在第五層樓臺上，靈魂成了「天主的囚犯」，修士從對事物的依戀中獲釋，並開始明白，在個人意志成為上帝旨意的「奴隸」時，就像瑪利亞的「看，主的婢女」時，這就是自由的意義。在這一層樓臺上，德蘭修女得到了修行文化的精髓：越是捨棄，被動，獻身，屈服，開放，即修行人越是把自我交出得越徹底，他越是能獲得徹底的自由，而深入第七堡壘，進入「上帝」的居所。在那裡人發現生命的真相——「我即上帝」。

諸如此類的聲音在各種宗教中、在每一段歷史的走廊裏，都前呼後應地迴響著，嫋嫋不絕於耳：我即是你……即安拉……即佛陀……

　　對德蘭來說，進入上帝的居所，意味著和上帝結合。換成莊子的話就是「天人合一」，讓婆羅門發言就是「梵我一如」，讓保羅來說就是「我生活已不是我生活，而是基督在我內生活。」而德蘭說這就是神聖的、靈性的「婚姻」。

　　作為大德蘭的道友，聖十字若望把靜觀之道總結為三個層次。他認為靜觀是屬於上主的，具有秘密的屬性且超過人自然的能力，是導引靈魂至與上主完美結合的途徑，這一路途並非人所能瞭解，只能為那不可知、「上智的無知」所帶領，依舊是紫陽真人明示的「饒他為主我為賓」。空無（Nada）是若望修行的所得，空無到一切只為耶穌基督的「顯靈」，與之對應的是道家的「虛而待物」，紫陽真人的「道自虛無生一氣」。

　　摘錄若望的《心靈之歌》中，具有代表意義的若干詩作，整理或重新譯文，一起欣賞。基督教人士對這位詩壇巨人的神諭有著數不清的詮釋，諸位自己可以去找來看。在讀完這些詩歌後，我們再用丹派的語言，予以道說：

> 哦，愛人
> 您藏在那裡？
> 在抵傷了我之後，
> 如同雄鹿逃失。
>
> 牧童，
> 在山頂上，
> 如果你們幸運地看到了
> 我的愛人，
> 說給祂，
> 我憔悴，我痛苦，我想死。
>
> 啊，森林，草地，
> 我的愛人親手所植，
> 請告知我，
> 是否看見祂逡巡？
> 唉，誰能夠醫好我？
> 請您親自來，
> 請不要給我派遣，
> 信使，
> 和他們說不清。

那摯愛的，
用甜言蜜語，
重創了我，
致我於死地，
也不知他們說了什麼。

人啊！你生非所願，
怎堪忍耐？
你被愛神的箭穿身，
是因為有愛。

請消滅我的煩惱，
因為沒有人可以消滅，
我的眼睛注視您，
因為你是它們的光明，
只有為你，我才用眼看。

請您親自光臨。
然後，我便死在您的注視中。
你知道得清清楚楚啊，
情殤無藥可醫，
只有您親自來。

啊！宛如水晶！
若您的銀輝水面，
突然凝現，
我期待的雙眼，
即刻骨銘心。

我的摯愛，請您回眸，
我的白鴿，請你迴旋，
因為受傷的小鹿，
已經出現在山巔，
觀望你的飛翔。

夜深。

人靜。

天籟。

宴會。

新娘

啊！你們，猶太的仙女，

綻放的玫瑰，

請留步，在我的村莊，

用馨香，觸心扉。

親愛的，

把你的臉兒轉向自然，

不要說話，

只需注視，

一起看山水。

新娘姍姍來遲，

在伊甸園，

她玉頸傾俯，

在愛人的雙臂間。

在蘋果樹下，

我在那兒娶你。

牽我的手，

你心滿意足了，

你的母親哭了。

我們的床，

洋溢著花香，

圍繞著群獅，

紅帳高懸，

金栀耀光。

隨您前往，

一路芬芳。

美酒佳釀，

從天而降。
祂的酒窟，
任你暢飲。
出來時，
我的羊群呢？

在那裡祂坦誠祂的心，
在那裡祂遞給了我陳釀，
而我也實在的付給了祂，
我一切所有也毫無保留地，
許諾了婚約。

一心一意，
對祂奉事。
羊群，丟就丟了，
沒有了雜務，
愛是我的專業。

如果在公開場合，
從即日起，我杜門謝客。
人們會說我玩失蹤。
在愛情中的人啊，
誰不失蹤？

親愛的，走起。
上高山，下丘陵，
至人跡罕至處，
清泉汨汨，
銀練倒懸。

繼續前行，
那兒有一處岩穴，
我帶你進去，
品嘗石榴汁。

此地，

　　和平之地，

　　阿米那也不知曉。

　　天兵降臨，

　　圍城結束了。

　新娘，即靈魂，即心意，即識神。

　新郎，即上帝，即主宰，即元神。

　石榴汁、佳釀、酒窖、洞房之種種譬喻，總不外「氣穴」一處，「神」、「炁」二物！

二十二、歐冶親傳鑄劍方
莫邪金水配柔剛

　　歐冶親傳鑄劍方，莫邪金水配柔剛。

　　煉成便會知人意，萬里誅妖一電光。

——《悟真篇》七言絕句第四十四

　　道教八仙之呂洞賓、鐵拐李隨身的道具「劍」、「壺」，這些典型的丹道符號，同樣也在紫陽真人的大作出現了。我曾有一篇關於道教文化的習作，就此解讀過。

　　以劍為例，是基於這麼一個歷史現象：丹學援入劍，並把它負在「鍾呂派」開山祖師呂洞賓的背上，塑造了一個「肩橫一劍醉斜陽，笑指天低水未長」的神仙形象，是因為它超越了純粹的兵器，早已被賦予了神聖的意義，昇華為種種文化範疇的不同象徵。

　　劍的起源已經難以追溯了。從下邊兩段文字中可以大約獲知一些古人鑄劍之初的若干情形。「帝採首山之銅鑄劍，以天文古字題銘其上」。「昔葛天盧之山。發而出金，蚩龍受而制之，以為劍、鎧、矛、戟，此劍之始也」。西周以前的戰鬥還是以戰車為主，戟、矛、戈、殳比較實用，那時的劍只是權貴象徵和護身武器。從今天出土的西周之劍看來，基本上介於 25～40 釐米，近似現在的匕首。

　　春秋之際戰事頻繁，同時騎、步兵興起，劍擊技術和理論都得到了發展，擊劍一時成了朝野的愛好。《莊子‧說劍篇》載：「昔趙文王喜劍，劍士夾門而客三千人，日夜相擊於前，死傷者歲百餘人，好之不厭。」在大量的生死搏鬥

的實踐中，人們開始總結提煉劍理了。越王句踐向越女詢問劍之道時，女曰：「其道甚微而易，其意甚幽而深，道有門戶，亦有陰陽，開門閉戶，陰衰陽興。」顯然，越女已經開始用當時最先進的陰陽學說來總結劍法規律了。「夫為劍者，示之以虛，開之以利，後之以發，先之以至。」守柔處弱、謙下退讓的道家，談起劍時語出驚人。從某種意義上說，寥寥數語已奠定了後世道教武當內家拳、劍的風格。

秦昭王曾向秦相范雎憂慮地說：「吾聞楚之鐵劍利而倡優拙。夫鐵劍利則士勇，倡優拙則思慮遠。夫以思慮遠而御勇士，恐楚之圖秦也。」秦昭王一面讚揚楚國生產的鐵劍鋒利，另一方面又擔心楚國劍鋒利，士兵勇敢，有可能對秦國構成威脅，從中不難看出古人對武器改進的重視。由於「軍備競賽」，這時出現了不少著名的匠師，《吳越春秋》：「吳王闔閭請劍工干將鑄劍。干將吳人，其妻曰莫邪。干將採五山之精，六金之英，成二劍，陽曰干將，陰曰莫邪。」《太平御覽》卷三四三謂，楚王命莫邪鑄雙劍，劍成，莫邪留下雄劍，把雌劍獻給了楚王。雌劍在匣中常悲鳴。這些文字激起了後世的道教的豐富想像，往往據以闡述內丹術中陰陽、動靜的「對立統一」。

戰國晚期，秦國鑄造鐵劍的技術已經趕上了上去，由於青銅被鐵所替，秦劍的長度已達一米左右，在吞併六國的戰爭中，應該是派上了用場。

值得一提的是，可能初時劍工為了使鍛成的鐵劍快些冷卻，便趁熱把它浸到了冷水中，後來發現這樣做可以使鐵變得堅硬，於是便逐步形成了一項專門的淬火工藝。冶金史家們曾檢驗了滿城漢墓中的劉勝佩劍，發現刃部經過局部淬火，所以劍身柔軔，格鬥時不易折斷，而刃部堅硬、鋒利，可謂剛柔結合、相得益彰，此即《漢書・王褒傳》中所說的：「巧冶鑄干將之樸，清水淬其鋒。」後來，淬火工藝所造就的剛柔相兼的品質，頗為道教看好，內丹家反覆援引，喻說丹道。

劍在古代不僅作為武器，也是尚武精神的象徵，甚至是「天下」或「鎮守天下」的象徵。

《山海經・卷九・海外東經》說，君子國其民「衣冠帶劍」。秦代開始朝廷明確規定百官佩劍為飾，（見《史記・秦本記》）漢時「自天子至百官，無不佩劍」。上行下效帶來的社會效果是，劍走入了「文化圈」。《漢書・司馬相如傳》「司馬相如……少時好讀書，學擊劍」。《漢書・東方朔傳》：「東方朔……十五學擊劍」。其後晉代祖逖「聞雞起舞」也用的是劍，阮籍還自稱「少年學

擊劍，妙技過曲城」。

　　萬物有靈，即各種自然物都具有靈性，是原始思維的主要特徵之一。提出這種觀點的人類學家泰勒又提出了「文化殘餘論」。他認為過去時代的文化遺跡可以在新的時代被繼承並獲得新的意義，各種習俗都可以通過習慣從一個文化階段移植到另一個文化階段。「古之言兵者必言劍」，說明了在青銅時代及鐵器時代初期，劍在戰爭中作為主戰兵器的顯赫地位。那麼劍中是否住藏有精靈？《雷煥別傳》：「晉司空張華夜見異氣起牛頭，華問煥見之乎？煥曰，此謂寶劍氣。」《晉書·張華傳》載，晉代張華、雷煥因見「斗牛之間常有紫氣」，判斷為「寶劍之精，上徹於天耳。」於是，「掘獄屋基，入地四丈餘，得一石函，光氣非常，中有雙劍」，即龍泉太阿。張華、雷煥各得一把。後來張華被誅，「失劍所在」。雷煥說：「靈異之物，終當化去。」煥死後，其子雷華「持劍行經延平津，劍忽於腰間躍出墮水。使人沒水取之，睹不見劍，但見兩龍各長數丈，蟠縈有文章，沒者懼而反。須臾光彩照水，波浪驚沸，於是失劍。」劍，明明白白就是龍的化身。《世語》載：「王子喬在京陵，戰國時墓有盜發之者，之無所見，唯有一劍停在穴中，欲進取之，劍作龍鳴虎吼，遂不敢近，俄而徑飛上天。」寶劍不僅由神龍化來，而且可以鳴叫如龍虎！而龍虎二字，早在張道陵自名天師府之前，就是煉丹士的慣用語了。

　　南朝道士陶弘景就對劍非常有興趣，據他的專著《古今刀劍錄》介紹，中國古代帝王均備名劍：夏禹子啟「鑄一銅劍」，「上刻二十八宿文」；殷太甲有「定光」劍；武丁有「照膽」劍；周簡王有「駿」劍；秦始皇有「定秦」劍；漢高祖劉邦有「赤霄」劍；漢文帝有「神龜」劍；王莽造「神劍」，「煉五色石為之，銘曰神勝萬里伏」；南朝梁武帝蕭衍「造神劍十三口」，劍上的銘文為「服之者，永治四方」，都表明劍是古代帝王自視為他們受命於天的神聖象徵，所謂「天生神物，聖君用之」。周昭王「鑄五劍，各投五嶽」；漢武帝「鑄八劍」，「五嶽皆埋之」；漢明帝「鑄一劍，上作龍形，沉之於洛水中」；後主劉禪「造一大劍，長一丈二尺，鎮劍口山」，這裡的劍都有替君王鎮守四方的用意。還有幾個例子甚至具有「讖諱」意味：東漢光武帝劉秀「未貴時，在南陽鄂山得一劍，文曰繡霸」，後來劉秀果然得天下；東漢靈帝「鑄四劍，文中興，一劍無故自失。上天宣告中興無望。」魏「齊王芳以正始六年鑄一劍，常服之，無故自失，但有空匣如故。後有禪代之事，兆始於此，尋為司馬氏所廢」。劍被蒙上了神秘色彩。陶弘景首開劍與道的結合之風後，逐漸地，劍與宗教有了接

觸，這是晉代玄學和佛道興起的直接結果。

　　唐代文人也以擊劍為能事，李白「十五好劍術……三十成文章」，陸游「十年學劍勇成癖」，杜甫平生以劍為侶，「酒闌劍肝膽露」，王維「讀書復騎射，帶劍遊淮陰」。而且，文人把劍的「魅力」進行了非凡的想像，這時有了降妖伏魔、飛劍取首的劍俠小說。劍，更加有了濃鬱的神秘意境，最終引起了道教的關注。

　　宋代是個道教走運的年代，宋代的道教頗重劍器，以其鋒利喻斬除邪魔等，並以質底分為上、中、下三類。宋‧王欽若編《翊聖保德傳》卷上：「劍法有三，但以鋼鐵鍛為利刃，吾目一視便可用也。有疾之人，俾汝渾擊，邪氣銷鑠，其人無損。或地只作孽，水族生妖，分野為災，國家輊慮，當以上劍治之；或山澤之怪，飛走之雄，震駭閭閻，侵毒黎庶，當以中劍治之；或魑魅之徒，夔魍之輩，挾邪暴物，作祟害人，當以下劍治之。」這時，劍尚未與丹道取得某種聯繫。

　　《莊子》說劍，有些內容還沒有離開具體之劍，而《列子》中的「劍」幾乎可以用「道」字替下。《列子‧湯問》載，孔周曰：「吾有三劍，唯子所擇，皆不能殺人，且先言其狀。一曰含光，視之不可見，運之不知有。其所觸也，泯然無際，經物而物不覺。二曰承影，將旦昧爽之交，日夕昏明之際，北面而察之，淡淡焉若有物存，莫識其狀。其所觸也，竊竊然有聲，經物而物不疾也，三曰宵練，方晝則見影而不見光，方夜見光而不見形。其觸物也，騞然而過，隨過隨合，覺疾而不血刃焉。此三寶者，傳之十三世矣，而無施於事。匣而藏之，未嘗啟封。」從這幾把古劍上，人們可以嗅到《老子》的氣味、聽到「庖丁解牛」的桑林之樂，《莊子》把這一篇是放在《養生主》中的，後來，內丹養生家確實把《列子》之「劍」攜進了丹學。《古今圖書集成‧博物彙編‧神異典》第二百九十九卷錄有《宵練匣‧靜功》一文，談的即是內丹。

　　儘管劍在《老子》那裡必定是歸於「不祥之器」，但《莊子》的高見、《列子》的想像以及文人的神筆還是觸動了道教，唐以後的內丹家即開始頻頻「論劍」。這大概不僅是被劍的神聖意境所吸引，或於原始的男性生殖器崇拜也有聯繫。

　　「幾乎所有的象徵都是偶然出現偶然成立的，只有性的象徵除外」。劍作為一種複雜的、在人類歷史上長期存在的文化符號象徵，很有可能與性崇拜有關。

　　陽剛、威武、力量，被視為男性之美，佩劍無疑能大大增強這種效果。而且，內丹以「煉精」為基，鑄劍與煉精之間，便在這裡畫上了等號。

　　《宋史‧陳摶傳》記載唐代道士呂岩（字洞賓）為「關西逸人，有劍術，年百餘歲。步履輕捷，頃刻數百里，數來摶齋中」，是位養生有方且具有傳奇色彩的道士。《全唐詩》收他的詩作二百多首，多為「道情詩」，道教和民間稱其為「劍仙」、「酒仙」、「詩仙」，清代的《內外功圖說輯要‧諸仙導引圖》就有一套導引動作命名為「孚佑帝君（呂洞賓）拔劍法」。他聞道前，曾流落風塵，在長安酒肆中遇鍾離權，「黃粱一夢」，於是感悟，求其超度，得受金液大丹與靈寶畢法，後又遇火龍真人於終南山中，傳以日月交拜之法和天遁劍法，《呂仙飛劍記》第四回稱火龍真人所贈的雌雄二劍「用崑崙山所產之銅、女媧煉石之碳、老君卻魔之扇、祝融燒天之火鍛鍊而成，秉陰陽之純粹，凜雪霜之寒芒，……非是凡間之劍。」有關內丹的寶劍，就在這時出現了。《古今圖書集成‧神異典》卷二百四十六引呂真人《江州望江亭自記》說：「世多稱吾能飛劍戮人者，吾聞之笑曰：慈悲者佛也。仙猶佛爾，安有取人命乎？吾固有劍，蓋異於彼。一斷貪嗔，二斷愛欲，三斷煩惱，此其三劍也。」從這「三斷」上可以看出，呂洞賓的劍實乃無形之劍，隱喻了一個道劍三斷的煉丹境界，今人王沐稱其為「性功中的出世法」。呂洞賓雲遊紅塵，常將劍「化作一豔婦」，隨身攜帶。（見於《呂祖志》卷三《事蹟志》）道劍「二斷愛欲」的作用出現了；他又將劍袋「化作一孕婦」，在道場前生子——丹學的「道胎」之果，已在枝頭露出。（同上）在經歷了一百餘年的風雨之後，瓜熟蒂落的滋味叫張伯端歎道：「始知男兒有孕」。

　　唐‧葉法善《真龍虎九仙經》謂：「煉劍者，先收精華，後起心火，肺為風韝，肝木為碳，脾為黃泥，腎為日月精罡也。腎為水，脾土為泥模，身為爐，一息氣中為法，息成劍之氣也」，呂洞賓的劍就是這樣鑄就的，乃內煉之劍。

　　宋‧張伯端的《悟真篇》七言絕句這樣描述道劍：

　　　　歐冶親傳鑄劍方，莫邪金水配柔剛。

　　　　煉成便會知人意，萬里誅妖一電光。

　　從詩面上的理解是，歐冶親傳下來的鑄劍方法，貴在金水相配（相淬），火候不差則剛柔適中，所制的寶劍即可隨心所欲，應用自如了。

　　清‧劉一明為該詩做注謂：

　　　　劍者，護身之物，乃作仙成仙之慧器，為聖為賢之把柄，即所

謂還丹也，非還丹之外，另有一劍。所謂還丹者，即還本來良知良能、剛柔合一之真靈。鑄劍即鑄此良知良能、剛柔合一之慧器。以體言則為丹，以用言則為劍，其實，劍也，丹也，總是一個無有兩件。古有歐冶鑄劍，屢次不成，其妻莫邪跳入爐中，一火成功，世稱莫邪寶劍，其鋒利無比。修真之道，鑄劍為先。取剛柔中正之氣，用水火鍛鍊成寶，名曰慧劍。佩帶身旁，隨心所用，萬里誅妖一電光耳。仙翁以歐冶莫邪，喻剛柔相合之義，良有妙旨。

清・朱元育的解說是：

即世間有形之神劍喻丹道無形之慧劍。蓋鑄劍之法，必須金水淬礪而成，結丹之功亦必由金水鍛鍊而得。金水兩弦真氣，一剛一柔，合而成丹，正猶神劍之有干將、莫邪，配而成寶。兩弦妙用，必須真師口授，亦猶鑄劍神方之必傳自歐冶矣。故：歐冶親傳鑄劍方，莫邪金水配柔剛。兩者之氣，既妙合而凝，又以坤爐中真火淬礪而鍛鍊之，化成一氣，是為吹毛利劍，又名慧劍，此劍鋒不可觸，觸之即喪身失命。妙在『知人意』三字，意者中黃真宰也，意即是劍，劍即是意，近在目前，遠即萬里。當大藥入爐之時，倘有陰魔來侵，只索用慧劍劈頭一揮，當下即掃蹤滅影矣。故曰：煉成便會知人意，萬里誅妖一電光。上兩句言慧劍之體，下兩句言慧劍之用。非真有慧劍之可用也，仍是先天一點靈光耳；亦非真有妖之可誅也，不過念起即覺，閑邪存誠之別名耳。呂祖云：吾有三劍說與世人，一斷愛欲，二斷煩惱，三斷愚癡。其即此劍也夫。

王沐先生據此道：

鑄劍方，比喻之辭，在性功中喻割斷一切糾纏。

莫邪為雌劍，象徵金水坎方，喻鉛。

此詩借金水鑄雌劍之比喻，暗示抽鉛添汞，以成純乾即金丹。

以干將莫邪兩劍喻陰陽。

這些方家的注解，即便不能完全扣住張伯端的詩謎，也與其思維方式具有一致性，即在養生家那裡，鑄劍已是修道的代名詞了。

如果說《悟真篇》以含蓄為風格，那麼，元代蕭廷芝的「了真子劍歌」的煉丹思想，則是一目了然的，不妨全詩揭下，供有興趣的讀者玩然，《修真十書》卷十二載：

兩枝慧劍埋真土，出匣哮吼驚風雨。

修丹若無此器械，學者千人萬人誤。

唯有小心得劍訣，用之精英動千古。

知時飛入太霄間，分明尋得陰陽路。

捉住玉兔不敢行，爐內丹砂方定所。

審其老嫩辨浮沉，進退來往分主賓。

一霎火焰飛燒天，鍛鍊玄精妙難睹。

虎虎雖則聲悲苦，終是依依戀慈母。

若要制服火龍兒，卻去北方尋水虎。

龍見虎，互盤旋，恍恍惚惚結成團。

河車搬入崑崙頂，鎖居土釜勿抽關。

息息綿綿無間斷，抱元守一要精專。

瓊漿釀就從天降，馥郁甘甜遍舌端。

煉之餌之入五內，只此號曰大還丹。

宿疾普消神氣爽，四肢和暢身康安。

從來真火生於木，不會調勻莫強鑽。

玉爐火候須消息，火怕寒兮水怕乾。

若得先師真劍訣，下手修煉夫何難。

懸崖鐵壁掛殘雪，玉匣藏處老龍蟠。

華池神水磨瑩淨，知時提挈自揮彈。

若遇有仇須急報，外道邪魔喪膽寒。

破鴻蒙，鑿混沌，自使來去無缺損。

專心定志不須忙，左右用之在款款。

此歌寄與逢劍人，著意推究可為準。

《金丹真傳》張崇烈注：「慧劍者，覺性也。」

《性命圭旨》中「真土圖」的配詩引用了「了真子劍歌」的首句，謂「兩枝慧劍埋真土，萬病潛消出幻軀。」又解釋道：「心安真土，以誠以默以柔；氣養浩然，勿正勿忘勿助。」這裡的「慧劍」顯然更具體了，已經不再是抽象的道或籠統的丹了。

　　屠龍劍，縛虎絛，運轉天罡斡斗杓。

　　　　　　　　　　　　　　　　——張三豐《無根樹》

妄情不起，則真情生真性現。真性生是運轉魁罡，斡旋斗杓，轉殺為生，變刑成德，可以鍛鍊一爐真日月矣。

——劉一明《無根樹詞注解》

修丹之劍者，蓋劍則為金，而金則為氣，以劍非金不成，而丹非氣不結也。

——董德寧《悟真篇正義》

學道人第一要煉劍，劍即先天元氣也。

——黃元吉《樂育堂語錄》

看得出，內丹家的隱喻風格在明清之際已經越發清淡了。

從丹道論劍中，人們可以看到道經在歷史上演變的若干規律，那就是，它的慣用術語的外延一步步在收縮，而內涵卻日趨顯得具體了，這正是道教內丹家將傳統哲學的性命學說落實到具體之人的結果——在空泛的哲學框廓中建造出了「自然科學」的大廈，丹學的卓越之處就在這裡。

二十三、學仙須是學天仙
唯有金丹最的端

1

學仙須是學天仙，唯有金丹最的端。

二物會時情性合，五行全處虎龍蟠。

本因戊巳為媒娉，遂使夫妻鎮合歡。

只候功成朝玉闕，九霞光裏駕祥鑾。

——《悟真篇》七言四韻第三

先說前兩句：學仙須是學天仙，唯有金丹最的端。

修道，具體地說，以丹道為主的修道，自古就沒有明朗化過。

丹道從入手到結果，像凝神調息、行氣周天、胎息大藥等等，都具有標誌性的意義。所以在古代，乃至上古，它的名稱也繁多，莊子闡述的心齋，漢代流行的胎息，從某種意義上講，這些都是丹道的前身。

兩宋之際，在陳搏老祖的發起下，參與的學者多了，約定俗成的，援取「外丹」之名，實之以內煉之道，於是，名稱固定了，理論出來了，集大成者是伍柳師生，總結為煉精化氣，煉氣化神，煉神還虛，亦即是人元丹法、地元丹法、天元丹法，逐步的結果即是人仙、地仙、天仙，如此而已。

特花哨，是吧？實踐時，哪有這多騷操作？大道不二啥意思？簡言之：

這些神秘概念和陳楠的上中下三品丹法一樣——

與伍柳模型中的煉精化炁、煉炁化神和煉神還虛一樣——

同出而異名。

南懷瑾的一個說法，「身體可分成三部分，由心窩以下為欲界，心窩至眼為色界，由眉以上為無色界。與此配合。就是所謂的煉精化氣、煉氣化神、煉神還虛。」雖然遭到了不少佛粉的奚落，但是比較靠譜。

無論怎樣命名，都是簡要地記錄了精氣神主要活動的區域，或階段——這個還是不要在色身上更不需要到異性那裡去找哦，誠如陸潛虛云：創鼎於外，煉藥於內，取坎填離，盜機逆用……

我曾看過一些爭議，他說他的是氣功，他說他的是天元，那個吵架可不是火燒功德林，是要決鬥的前奏。

其實，這些爭議毫無意義，首先已經是學理不明了，直白地說就是缺乏基礎知識。錢學森先生呼籲關注人體科學研究的時候，他主張的就是建立「唯相的氣功學」，先師李錫堃先生授課時，很多時候就乾脆簡稱丹道為「氣功」了。簡單地說就是，內丹學派在歷史的不同時期，修行家各取丹道的某些特徵進行了不同的命名。

比如一個苦孩子出身叫重八的，很小的年紀就走出了家門，參加了革命，又因為工作的需要，修改了好幾次名字，最後學名叫元璋，字國瑞，廟號太祖，這就能和那個小和尚撇清了關係？

還有那個元曲《高祖還鄉》，讀過吧：

那條大漢下了車，鄉親們施盡禮數，那條大漢目中無人。

鄉親們跪地一片，山呼萬歲，大漢卻眼向浮雲。

忽然一個發小認出了他，那氣的是真想上去抽他嘴巴：

你本來姓劉嘛，你老婆姓呂。當鄉長時就是一天幾迷瞪，你老丈人在村裏教書，你就在我屋莊的東頭住，和我一起割草喂牛一起下地耕田。春天摘了我的桑葉，冬天借過我的米，借了多少都不記得了。趁著換田契，多搞了我三十斤麻，還酒債時偷著少給我幾斛豆。有什麼糊塗的，清清楚楚地寫在帳簿上呢，現成的放著字據文書。過去借的銀子，你要在攤派的官差錢裏去扣，欠我的糧食你又從糧稅給我扣出來。我琢磨著劉三，平白地為什麼改了姓、換了名，要叫漢高祖？

但是在正史上，《高祖本紀》敘事的就比較嚴謹了，高祖還鄉時，不僅很講規矩禮儀，而且又很隨和親民，他把親戚鄰里眾老表悉數請來了，暢飲、打擊、飆歌，還留下了一首千古名句不是。

走時全城送行，與民同樂，性情大發又留下喝了三天。

所以大家能擱置爭議，才是共同開發的基礎。

不然，在「名相」這個階段，就沒有達成共識，一切研修，也就無從談起了。

一談就只能是爭議和紅臉了。呵呵。

2

不妨迴避一下這個沉重的歷史話題，看一首波斯人的「魯拜」，這是一種受唐人絕句影響繁衍出來的一種「四行詩」，當然後來也影響了歐洲文學。

　　　　我即我所愛，所愛就是我。

　　　　精神分彼此，同寓一軀殼。

　　　　見我便見他，見他便見我。

這詩漢譯的，乍一看，很像一首佛教徒開悟的偈子是吧？

這是一位蘇非的作品，他並自稱「我就是真主」。

伊斯蘭教裏面的蘇非派，簡單地說，是深受印度教佛教影響的一個伊斯蘭教派。提及蘇非，不能錯過巴亞齊德‧比斯塔米，公元九世紀波斯著名伊斯蘭學者。他早年學習和研究哈乃斐派教法，以苦行僧的方式周遊印度列國訪問各類高僧、道長、神父、拉比，據說其間曾跟一位印度人學習在合一中「寂滅」的教義，中年以後成為蘇非神秘哲學創始人。

一位名哈拉智的蘇非（858 年～922 年），繼承了巴亞齊德‧比斯塔的神秘主義學說，寫出了上面的句子。馬西尼翁（Massignon Louis，1883～1962），法國東方學家、伊斯蘭教史和阿拉伯語言文化專家，他一生的興趣都是以這位伊曆 3 世紀公曆 9 世紀的偉大的波斯蘇非，生於巴格達死於巴格達的哈拉智的，歷史的和跨歷史的個性為中心的。自在他年輕時改變了他的一生的，對這位聖人的幻視開始，馬西尼翁就把他絕大部分的智識經歷，投入對這個人物的研究，傳記曰《哈拉智的激情》。

馬西尼翁認為哈拉智既是辯論家又是蘇非，他試圖在蘇非體驗的基礎上調和伊斯蘭信仰與希臘哲學，在這一點上他超前於安薩里。實際上，哈拉智和比斯塔米一樣是遭遇「渾化」的人，因此，他說了一些和比斯塔米類似的讓人難以理解和責備的言論。總的來說，哈拉智在表達其境界時遠比比斯塔米深刻的多，好像他受到了其他文化的影響，如古希臘哲學、波斯思想、什葉派思想、

和基督教信仰。哈拉智在描述他的「渾化」時說：「如果真主想引領一個人，就為他打開贊念（迪克爾）之門，之後為他打開接近之門，之後讓他坐在認主獨一的座椅上，為他揭去幔帳，於是，他就真實的見證了主的獨一，之後把他送入獨一宮，然後為他顯示偉大和美。當他的視線落在真主之美上時，他就不存在了，那時，他泯滅了，只剩下真主，他的記憶裏，是他的清高偉大，這與他本身是無干的。」於是他宣稱真主的存在「就是奇蹟，因為他沒有存在的形式。」「沒有一個哲人能認識真主的教誨，沒有一個哲人能瞭解真主的觀點，真主不對任何人打開創世之秘」。哈拉智認為，只有通過長期的修，煉，淨化靈魂，達到無我（fana'）的精神狀態，使靈魂的本質由一實有變為完全不同的另一實有，使人類的靈魂化入真主的本體，以達到人主合一的最高精神境界。他還指出，當人的靈魂與真主的本體化為一體時，人的個體意識已經消失，成為真主統一的本體，這樣可以說「我就是真理」（Ana al-Haqq）。這些話顯然觸動了伊斯蘭教原教旨，引起包括統治者和宗教人士的強烈反對，被阿巴斯王朝宗教法庭處以蹀刑。哈拉智從監獄出來走上刑場，最後的遺言是：「對獨一本體的感覺於我來說足矣！」這句話讓生於我們儒家文化圈的人感到耳熟。

雖然有學生替他辯解，這句話不是把「我」置於真主之上，不屬於褻瀆真主，只是在自我修煉達到寂滅狀態時「無我」，唯覺真主存在的一種陶醉——在一個特定的文化氛圍或者圈中，這些爭議沒有用。

但是安薩里就不一樣，他比他老練得多。

安薩里（1058～1111）是伊斯蘭思想史上里程碑式的人物。有「伊斯蘭權威」、「聖教文采」、「宗教革新者」等諸多美譽。作為虔誠的學者，安薩里積極捍衛伊斯蘭的正統教義主張，同時，他又是一位蘇非的集大成者，這一點很像程朱，把道家引入了儒家，以彌補後者在哲學深度上的缺失。

在王陽明之前他有過知行合一，在康德之前有過對理性批判，在黑格爾之間有過邏輯與思辨——這位睿智的穆斯林學者在不給自己招惹任何麻煩的情形下，對哲學意義上的真主的本質，歸納為十點，在《信仰之中道》中他說：

1. 造物主是存在的。
2. 造物主是無始的。
3. 造物主是無終永恆的。
4. 造物主不是佔據空間的實體。
5. 造物主不是有形實體。

6. 造物主不是偶性。

7. 造物主沒有特定的方位。

8. 造物主超越了「端坐在寶座上」這樣的描述。

9. 造物主是可見的。

10. 造物主是「一」。

看最後一句，可謂點睛之筆。

我是把關鍵詞換成「道」字來讀的，結果很順暢。

如果把關鍵詞換成「道」，這十條如果你說是在描述大道，不會有道士們反對吧。

如果把關鍵詞換成「佛」，也不會有和尚們反對吧。

好吧，好吧，你們不同意。我們再看幾首魯拜：

> 一滴
>
> 上主的露珠，
>
> 不經意間地落向了
>
> 地府。
>
> 煉獄之火，
>
> 瞬間熄滅。

道學愛好者們是否有種「吾耳熟焉，故能詳也」的感覺？

> 真土擒真鉛，真鉛制真汞。
>
> 鉛汞歸真土，身心寂不動。
>
> ——紫陽真人《金丹四百字》
>
> 乾坤交媾罷，一點落黃庭。
>
> ——瑩蟾子《中和集》

對於生命的解讀，卓越的穆斯林學者、代數之父、天文學家——歐瑪爾·海亞姆認為它「不過是在無盡的旅程中一個暫時的休息之地」，是「在路旁旅店裏暫時的停留」。他的「魯拜」偉大而不朽的魅力在於他面對問題的方式，「不要為宇宙操心」：

> 生命的無常，死亡之謎，青春的凋逝，要解釋不能解釋的事是
>
> 愚蠢的哲學嘗試。

這是不是「人類思考上帝就發笑」的，或者「絕學無憂」的另外一個注釋呢？

我們應該面對這樣一個「事實」：人類大腦中形成的一切「條件反射」，包括人們的七情六欲（甚或「鬧情緒」），都是為了適應腳下的土地，即它只是為了適應生存（生活），而不是為了「理解」宇宙。在修行中，這些「習氣」就被「損之又損」地袪除了，然後留下的「內容」，就是宇宙法則、信息、密碼，或意志。

王陽明說破山中賊易破心中賊難，說的就是「習氣」。讓段子手說就是：實際上人是最虛偽。豬大腸裏全是屎。但是你要把它洗乾淨了，炒點尖椒兒那都搶著造。這碗要是裝過屎，就你洗刷再乾淨，給誰誰也不用。用洗腳水給誰洗臉，誰也不幹，但是上游泳館，連男帶女泡一大堆，還有專門上裏扎猛子練憋氣兒的，這就是矛盾的人生，現實的社會……

習氣是很難除的，除了我們後天在不斷地培養，還有是從「集體無意識」那裡遺傳來了的。

饑腸轆轆了十天半月的豹子捕一頭梅花鹿，在狼吞虎嚥的過程中，迅速地多巴胺內啡肽的分泌導致快樂。那就是它的禪意，它的得道。

這時候，要是「唐僧」去把它嘴裏的食物給掏出來，給他講這樣不珍惜生命多不好，那豹子要是當下開悟，有了「惻隱」之心「內疚」之情，以後只吃「撈麵條」就酸辣蘿蔔乾兒，它立刻就由天堂跌向地獄了。所以你想想，「善」、「惡」這都是人制定出來的標準，自然界沒有這個「標準」。我們，別把人類意識中的惻隱之情、「博愛之心」，放大於世界。

人類是逆天的動物。人們從叢林走出後。他們那些留在叢林中的遠親近鄰，依然在延續著它們的天道。比如，一頭公獅在招納了幾頭母獅後，它會千方百計把她們的孩子幹掉，以促使這群「愛人」遺傳它「個人」的基因。而且，母獅在「吼吼」了幾聲後，最終還是接受這個現實，與不共戴天的「仇人」共赴愛河。這不是「人間地獄」是什麼？但是，這是從人們的視野來看的，而獅們一點都不覺得不正常、不自然。

我們對這個世界的認識還很淺薄，牛頓愛因斯坦，他們其實一樣也無法想像這個世界的樣子，那些超級理論是在超級的數學才華下推算出來的。在哈勃望遠鏡之前，愛因斯坦描述這個世界「本來就是這樣的」，而且，「也會一直是這樣的」。而在這之前，他還撼動了牛頓之塔。

這個世界不是地獄嗎？

這個世界不是天堂嗎？

　　這就要看我們是從哪個角度看的，在老子的視野裏，人類是與自然之道漸行漸遠的，弗洛伊德也有類似看法。

　　用人類的世界觀去看陽光照耀不到處，這個世界，就是宗教經典「地獄」的來歷。

　　不過待在這個世界久看得多了，終究有一些人意識到了什麼，他們就像電影《逃出克隆島》的情節一樣，開始千方百計地認證「身份」和尋找出路，這就是人類修行文化的原動力，只是它們表現在不同的背景和語境下。

　　我若說他的四行詩滿滿地飽含修行或內丹情趣，點頭的人不會有幾個，磚頭會飛來很多。

　　但是，如果我說這個和達芬奇相似的、中世紀波斯的通才人物，他的哲學思想和老莊有共同的趣味，經過自己的頭腦進行一番沉思，我想喝倒彩的應該不會太多了。

　　如果有人再從這些話中，讀出了人類文化的「共性」的意思，那麼，我們對丹派乃至國學的看法，會具有更為廣義的更為客觀的認知，這些唾沫算是沒有白費。

　　著名物理學家兼詩人黃克孫先生曾以古典方式漢譯過這些波斯「魯拜」：

> 一路飛昇，達七重天，
> 上有高座為吾接風。
> 多少難題曾一一解之，
> 天機，卻無從猜破。

> 騎鶴神遊阿母臺，
> 七重天闕拂雲來。
> 玉皇仙籍偷觀盡，
> 司命天書揭不開。

> 我在尋找天國的鑰匙，
> 面對天機我一臉茫然。
> 一經與「造物主」的邂逅，
> 瞬間，「我就是你」。

> 太極莊嚴門矗立，
> 谷神縹緲帳深垂。
> 微聞玉鎖初開日，

度得紅塵一客歸。

「我就是你」，是天機中的天機，

知識之慢哦，我在其中哭泣合十。

一束真光耀亮了黑暗，無聲的耳語：

「你就是我」呀這不可說。

聞道天人原合一，

微機分寸自能參。

如何緣業憑天結，

天道恢恢不可探。

3

話歸正傳，那要全面理解張伯端的這一首契歌，還必須從頭說起。

簡單地闡述一下中國傳統哲學中的陰陽觀五行論的來歷，以及道家內丹學派的援以立論的具體所在，這是眾說紛紜、五花八門、眼花繚亂的根源所在。

五行是一個學說，出自《尚書》。

陰陽是一個學說，出自《易傳》。

古人的一個傳統，無論東方西方，先哲都有一個把宇宙、把世界、把萬物歸納、濃縮入一個模式，或一個公式的追求：比如，從崇尚理性的文藝復興時期起，笛卡爾、霍布斯就試圖創建一套「通用語言」。約而言之，通用語言，就是一套表達思想或事物的「符號系統」，利用這些符號可以進行演算並推出各種知識。受此啟發，二十歲的萊布尼茨在《論組合術》中，曾立志要創設「一個一般的方法，在這個方法中所有推理的真實性都要簡化為一種計算。」簡單地說，就是這位德國哲學和文化史中的源頭性的人物、人類近現代思想史中一位百科全書式的極為罕見的全才——萊布尼茨，他有個想法：把邏輯學用數學符號表示，以後每逢爭論，拿筆來一算就見分曉了。雖然事與願違，但也對符號邏輯的建立起了很大作用。這個傳統的根深蒂固的慣性，在牛頓的體系和愛因斯坦的物理學體系中，做到了極致。晚年的愛因斯坦更專注於大統一理論的研究，把自然界中的電磁、引力、弱、強等各種互相作用力統一起來的「萬物之理」。

回過頭來看中國。所以五行不僅和陰陽互相糅合，後來又和天文曆法糅合，這就是「納甲」法——具有中國特色的「通用語言」。這一套通用語言，

就是今天所說的八卦圖，人們都很樂意承認，布萊尼茨的二進制，受到了它的啟發：

1679 年萊布尼茨發明了一種計算法，用兩位數 1 和 0，代替原來的十位數。他把自己的新發明，寫信告之在北京的神父 Grimaldi（中文名字閔明我）和 Bouvet（中文名字白晉），希望能引起他心目中的「算術愛好者」康熙皇帝的興趣。

白晉看了很驚訝，因為他發現這種「二進制算術」，與他見到的流行於中國的一種符號系統如同孿生，這兩個符號分別由一條直線「——」和兩條短線「— —」組成。這是一種建立在這兩個符號基礎上的、「群經之首」《易經》的基本符號。

萊布尼茨對這個相似也很吃驚，和白晉一樣，他也深信《易經》在數學上的意義。他甚至相信在上古時，中國人已經掌握了二進制，並在科學方面遠遠超過當代的中國人和西方人。

比利時神父 P・Couplet（中文名字柏應理）的 Confucius・Sinarum Philosophus（《孔子，中國人的思想家，……》）第一次在歐洲發表了易經的六十四幅六爻八卦圖。六爻以不同的組合出現，人們可以藉此對自然界和人類生活的變換做出各種不同的解釋。

現在我們可以肯定地說，這種解釋與《易經》沒有聯繫。《易經》不是一本算術書，而是一本「卜筮」的記錄，並在漫長的歷史中逐漸演變為「道學」。書裏兩個基本符號代表陰陽相對，也即天與地、光明與黑暗，等等、等等。

雖然這一次將數學與古代中國《易經》相關聯的嘗試是不符合實際的，萊布尼茨的二進制數學指向的不是古代中國，而是未來。萊布尼茨在 1679 年 3 月 15 日記錄下他的二進制體系的同時，還設計了一臺可以完成數碼計算的機器。我們今天的現代科技將此設想變為現實，這在萊布尼茨的時代是不可想像的。

1697 年，萊布尼茨搜集在華傳教士的報告、書信、旅行記略等，編輯出版了《中國新事》一書。他在該書的緒論中寫道：「我們從前誰也不相信世界上還有比我們的倫理更美滿、立身處世之道更進步的民族存在，現在東方的中國，給我們以一大覺醒。東西雙方比較起來，我覺得在工藝技術上，彼此難分高低；關於思想理論方面，我們雖略高一籌，但在實踐哲學方面，實在不能不承認我們相形見絀。」

這番話，既是題外話，也不是題外話。

雖然我們可以以此自娛，但是落實於修行，不搞清楚就會弄成嚴重問題。

當具有中國特色的「通用語言」，又被古人把此「天理」再推及人道時，也就有了把天地之「氣運」，強行貫徹於吾人的：子時起火行氣……後升六陽共 216 息……前降六陰 144 息……的胡說八道了……

這是典型的「讀書死」！

陰陽、五行和納甲是內丹學的上層建築的主要部件，把這裡面的彎彎道道兒弄明白，無論丹道以「符號」的模式，還是以相言的說法，或是隱喻的方式，至少在理論上，也就不再那麼神秘了，也就不再是「不可想像」的「絕學」了。

「納甲」不是一兩句能說清的，繁瑣得不亞於經院哲學，用相對簡單些的五行論來舉個例子，學者更容易搞明白：

金→水→木→火→土，這是順生，古人謂生人生萬物的世道人情。

土→火→木→水→金，這個就是返還，就是祖師契歌中的「顛倒顛」，就是古人謂扭轉乾坤、逆則成仙的天道。

道家順其自然，順的是「天道」，而不是「世道人情」。

丹派要聽天由命，命也不是命運。狹義而言，炁也。莊子曰「通天下一氣耳」。

你參參「與天奪命」的那句口號吧，不肯「屈服」三界五行的「制約」，是道家的終極追求。它以「不奪」而「奪」，以「無為而無不為」，以徹底的「放棄」，實現最終的「得道」，以完全的「大公」，卻成全了個人之「私利」。

宗教既要「饒他為主」，又要「唯我獨尊」，矛盾嗎？也不矛盾。

此他彼我，也無區別，皆指炁言，也是語境不同而已。我者，真我、元神，一氣耳。

一味地順著世道人情的結果呢？呵呵，一路順下去，基本上就順得要死了。

所以法家看到了人性的黑暗面「性本惡」，所以丹派要「推情合性，轉而相與。」

五行順生是金生水，逆取就是水生金，呵呵，就是內丹家的上品「藥材」，具體落實在修證中，就是「先天一氣」，與「金屬」無涉。《靈源大道歌》的名句「華池神水識者稀」，其中的「華池神水」，就是上面的那「一塊真金」，自然也與「液體」無涉嘍──皆屬相說、設辭。

華池者，黃庭，指中丹田。

一氣上行，經泥丸返還時，遂顯示丹像。一氣入口，刺激了唾液腺，生的滿腔「高級口水」，醫家也稱「玉液」，所以有一段工夫叫「玉液還丹」的就招致很多「口水」之爭。

前面提及的《大成捷要》講這一段工夫時，那就吐槽得是格外精彩：「或丹光湧出，明如金錢，赤如火珠，從大眼角流出，累累成珠，一連二三顆，滾滾下滴，落在身上似覺有聲」，這篇「修道」的作文是要以文采勝場呢？還是中間缺失了文字呢？

這本書和《性命圭旨》一樣，是個彙編本，也是手抄本，抄來抄去，再付以印刷，經手頗多，環節頗多，缺文少字也就在所難免，要不怎麼有善本之取、真偽（經）的分辨呢？

真種過目之際，觸及淚腺湧出了「淚水」，「一連二三顆，滾滾下滴，落在身上似覺有聲」，依「個體差異」性去解讀，這還說得過去，而光團落「在身上，似覺有聲」，說不過去了，很明顯出問題了。

五行順生是木生火，就是《陰符經》說的「火生於木，禍發必剋」，丹道逆採的結果就是火中生木，也就是佛書丹經常見的「火裏栽蓮」說，這個沒有搞清楚你看道教就會和當年胡適的感覺一樣，「滿篇鬼話」。

這些都是理論上的說法，如要落實到實處，還要聯繫實在大成就的實修心得，將理論和實踐結合起來，庶可謂「道門已是半程路」。

陰陽論是古代的對立統一學說，五行說可以說是一種原始的系統論。

五行說是經不起推敲的，就是不拿「元素週期表」來說，單憑感覺，我更傾向於莫名其妙的「五」──這個數字，和「勞動創造了人」的手足皆是五指有關。

陰陽學說看上去很美。由於日月的耀眼、男女的有別，所以在世界各大文化傳統中，都能找到對立統一概念的雛形──雖然現代科學已經告訴我們日月、晝夜並不是很優美完善的一種「對立」──不過都沒有中國的這個「易理」完善和延續得久遠、迴響得渾厚──無論宋明理學還是明清實學，包括貫穿於三教歷史的內丹學派，都在傳遞著這個古老的聲音。

二十四、幾欲究其體用　但見十方虛空

1

如來禪性如水，體靜風波自止。興居湛湛常清，不獨坐時方是。
今人靜坐取證，不道全在見性。性於見裏若明，見向性中自定。
定成慧用無窮，是名諸佛神通。幾欲究其體用，但見十方虛空。
空中杳無一物，亦無希夷恍惚。希恍既不可尋，尋之卻成乖失。
只此乖失兩字，不可執為憑據。本心尚乃如空，豈有得失能窮。
但將萬法遣除，遣令淨盡無餘。豁然圓明自現，便與諸佛無殊。
色身為我桎梏，且憑和光混俗。舉動一切無心，爭甚是非榮辱。
生身只是寄居，逆旅主號毗盧。毗盧不來不去，乃知生滅無餘。
或問毗盧何似，只為有相不是。眼前葉葉塵塵，塵葉非同非異。
況此塵塵葉葉，個個釋迦迦葉。異則萬籟皆鳴，同則一風都攝。
若要認得摩尼，莫道得法方知。有病用他藥療，病瘥藥更何施？
心迷須假法照，心悟法更不要。又如昏鏡得磨，痕垢自然滅了。
本為心法皆妄，故令離盡諸相。諸相離了如何？是名至真無上。
若欲莊嚴佛土，平等行慈救苦。菩提本願須深，切莫相中有取！
此為福慧雙圓，當來授記居先。倘若纖塵有染，卻於諸佛無緣。
翻念凡夫迷執，盡被情愛染習。只為貪著情多，常生胎卵化濕。
學道須教猛烈，無情心剛似鐵。直饒父母妻兒，又與他人何別。
常守一顆圓光，不見可欲思量。萬法一時無著，說甚地獄天堂。
然後我命在我，空中無升無墮。出沒諸佛土中，不離菩提本坐。

觀音三十二應，我學亦從中證。化現不可思議，盡出逍遙之性。
我是無心禪客，凡事不會揀擇。昔時一個黑牛，今日渾身總白。
有時自歌自笑，旁人道我神少。爭知被褐之形，內懷無價之寶。
更若見我談空，卻似囫圇吞棗。此法唯佛能知，凡愚豈解相表。
兼有修禪上人，只學鬥口合唇。誇我問答敏給，卻原不識主人。
蓋是尋枝摘葉，不解盡究本根。得根枝葉自茂，無根枝葉難存。
便逞已握靈珠，轉於人我難除。與我靈源妙覺，遠隔千里之殊。
此輩可傷可笑，空說積年學道。心高不肯問人，枉使一生虛老。
乃是愚迷鈍根，邪見業重為因。若向此生不悟，後世爭免沉沉。

——紫陽真人《悟真篇外集·禪定指迷歌》

這是一篇道家老仙論虛空的妙文，呵呵，這種文字一般我的態度一般都是敬而遠之的。

我真的不知該怎麼解釋了，這些瘋瘋癲癲的話兒，那位印度古魯一定聽得懂，讓他總結吧：

賽布告訴我們方法：
請把身體、腦袋交給無心的人！
沒有自己的想法，佇立在虛空中。
再也沒有東西需要征服了。
交出了身體、頭腦，您還有什麼負擔？
把靈性放置在明師足下的祭壇上，
哦！現在除了明師的化身外，我什麼也看不見。
現在我即與你同體，我與上帝，
如此密不可分，無法分辨彼此。
現在我沒有宗教，和信仰，和家世，
哦！兄弟你該怎麼稱呼我？
我不引經據典，只是看我所看，說我所見：
當愛人進入洞房時，他們忘記了外面的婚禮。
我不是印度教徒，也非穆斯林。
色身只是，五種元素的玩偶，
演著悲歡離合的戲。

我倒是想聊聊「虛」與「空」。

約定俗成的，一個常為道家、丹派用。

一個幾乎成了佛教的專用術語。

要說這兩個字眼代表的境界，我們可以「不二」而言。

但「虛」的旨趣中，更多一些人性。

舉個例子吧，讀了南泉斬貓這個公案的有感：

池州南泉普願禪師師因東西兩堂各爭貓兒，乃白眾曰：「道得即救取貓兒，道不得，即斬卻也！」眾無對，師便斬之。趙州自外歸，師舉前語示之，趙州乃脫履安頭上而出，師曰：「汝適來若在，即救得貓兒也！」

話說兩邊在爭奪一隻漂亮的貓咪，南泉說誰說出個所以然來就歸誰，大家都不說了，大家都不說話就對了，就表示大家都知道自己起妄念、貪心了，按佛教的理趣根本就不存在這只貓，大家掙個毛線？！大家都不說話了，嗨，南泉反倒提勁了，帶樣了，他用鐮刀把貓砍了，這根本就犯法了，而且是犯了宗教最根本的大戒，擱今天這個砍貓事件不招致動物保護組織上廟裏示威才怪。晚上趙州回來了，聽說了這件事，也許很傷心，把鞋子脫了戴腦袋上，他用這個「行為藝術」吧，我覺得他是在無聲的譴責南泉的沒人性的「顛倒本末」。要知道佛陀以「慈悲為懷」是當年他率眾反對婆羅門教的種姓制度時的根本動因，當年他老人家當年在夏季都不出門，就是怕不慎傷害了螻蟻的命，而這貨刀子都動了，奇行怪論到了無底線，趙州表示「今日無話可說」。

宗教學上在另外一個研究關於生與死的課題上，則是佛教比道教高出一籌。

佛教的六道輪迴是來自婆羅門教，這一點我接觸的很多佛教朋友都不願意承認。其實佛陀當年自己都承認了，你可以翻看在佛教小乘的《卡拉瑪經》上，與卡拉瑪人促膝談心的時候，佛陀打著「哈哈」說了這麼一個意思：這個婆羅門的教義嘛，信比不信，要好些吧。然後就是對卡拉瑪人左顧而言他了——學佛的朋友莫怪啊，我心中的佛陀是一個學識和人格乃至修養，都很圓滿的「人」，而不是「神」。

六道輪迴是古代印度剎帝利、婆羅門們位為多數窮人——首陀羅們準備的「理論」——你們要好好做窮人噢，不要羨慕我們的大魚大肉，魚生火，肉生痰，蘿蔔白菜保平安。你們要按時上供，莫存反心，這樣以後死了以後估計投得好了可以投個富貴人家，再來人間，就不受窮了。否則落到無間道那裡面，嗨，那個苦日子可就沒有頭了——看看，人類欺騙人類時候，他們編造的東西

多麼得有趣多麼得深邃，多麼得「迷人」。

但是，無論如何，佛教還是承認了生老病死，這還是敢於面對這個死亡的必然的。道教在早期就不認命，煉外丹的就是一直在煉長生不老丹，也不知吃死了多少道士，也不知吃死了多少帝王和土豪、貴人。到後來，內煉家實在看不過去，站出來明確地發言了：「（肉身）若修養起來，亦多活幾年，不過死得遲些罷了，總非真道。」隨後又乾脆說了句近似笑話的話來做否定：「色身縱留萬年，止名為妖，不名為道」，呵呵，我認識的一些老少同學，相當的一部分，就深信修行人能活個三五百歲，在深山老林裏面呢。書上不是說彭祖都活了八百歲嘛？可見他們是沒有見過得道究竟是什麼個狀態，少年時代我也曾經以之為真，但是老師說了一句，書上還都說天子們都是他們的老媽和天上的龍交配來的呢，白紙黑字都寫在正史上。

2

一個涉足修行文化的人，在道境中，「不可道」是常態，「可道」是非常態，所以老子在應關尹子的懇求為之「說道」時，這個「說道」的背景和依歸是「不可道」，即兩者為「體」、「用」關係，即他在「說」時在潛意識中是處於「不可說」的態勢，因為說得「多了」，必然傷「體」，如同他決定向「東」去的時候，很顯然他就要放棄「西」，唯有靜止的態勢，才兼具「東西」。就像在《馬可波羅》中，忽必烈問馬可波羅威尼斯的風光，馬可波羅說「很難說，我一說，它就不是真實的威尼斯了。」

像《道德經》、《陰符經》、《周易參同契》，以及佛教的《金剛經》，都是用大量篇幅從外圍，或者零零碎碎做一些比喻，學者深入理解和認識昇華之後，道的「樣子」就在心中有了。

道家以自然山水為崇尚，高明的經典就應該是寫意的，有水墨的情趣，若能略帶一些工筆，那就真真的是極好的了。所以，越是繁瑣細發的「丹經」，其真實性反倒打折。

「天應星地應潮」，多簡潔。

簡潔得必須有師傳，你才能知道真人在說什麼。

神炁往來，水火流轉。

順其自然，時烹刻煉。

——胡混成《鍛鍊》

金丹自外來吞入腹中，則己之真氣自下元氣海而上，湧如風浪，翕然而湊丹，若臣之於君，子之於母，其相與之意可知也。

　　　　　　　　　　　　　　　　　　　　——《悟真篇注》

起火之時，覺真氣騰騰上升如潮水之初起。有詩曰：中秋月魄十分圓，金旺潮湧出海門，內外與潮相應處，自家元氣正朝元。（彭耜）《元樞歌》云：地下海潮天上月。盧山皇甫真人《觀潮詞百字令》云：坎水逆流朝丙戶，隨月盈虧消息。氣到中秋，金能生水，倍湧千重雪。神仙妙用，與潮無個分別。

　　　　　　　　　　　　——（王道淵）《崔公入藥鏡注解》

金旺能生水故月圓而潮大也。夫一身之中，真氣有盛大之時，與潮相似，自湧泉而升泥丸，周流六虛盤旋上下，盎然如春，不可象喻……苟知此時，則玄關在此，火候在此矣……

　　　　　　　　　　　　——（李攀龍）《崔公入藥鏡注解》

神氣相合之際，俄而陽光大現，有如十五圓形〇，是為中秋月，是為氣足潮生……

天比上，地比下，陽生之時，眉上有點點星光，昔人謂為天應星。腹中有浩浩潮氣，昔人謂為地應潮。藥生朕兆，原來如此，良不誣也……更有以《入藥鏡》為言者……應星應潮，以應月應時言，即星悟月，即潮悟時，此正是大還丹要緊火候。

　　　　　　　　　　　　　　　　　　——《無根樹詞注解》

同樣簡潔的，如同猴子問「師傅去哪兒？」一貫囉唆的「唐僧」打個響指說「走」一樣，「虛」和「空」都是「腳踏實地」地走出來的，你沒有實際的去「西天」的經驗，那就只能在「空虛」中迷失、抓狂。而且它們只能心領，甚至難以言傳，又怎麼能表演呢？

唯願讀死書的學子言下有覺，心裏不覺得敞亮些，涼風過處，慢慢將糊塗漿糊蒸發些。

　　我不能讓一個傻瓜清醒，
　　我可以驅散南方的雲彩，
　　我可以排乾海洋，
　　我可以治癒不治之症，

但我卻不能讓一個傻瓜清醒。

——Lal Ded（1320～1392）

3

那就讀書吧，在讀書的半日：

Coursing in emptiness,

I, Lalla,

dropped off body and mind,

and stepped into the Secret Self.

Look: Lalla the sedgeflower

blossomed a lotus.

行在虛空

我，拉拉，

捨棄身心，

進入本體

看，拉拉莎草花

如蓮花綻放

You are the heaven and You are the earth,

You are the day and You are the night,

You are all pervading air,

You are the sacred offering of rice and flowers and of water;

You are Yourself all in all,

What can I offer You?

你是天，你是地，

你是日，你是夜，

你是無處不在的空氣，

您是大米、鮮花和水的提供者；

你無所不有，

而我，

能為你做什麼？

——Lal Ded（1320～1392）

二十五、昨宵被我喚將來
把鼻孔穿放杖上

除了一根筋的人，誰武斷地說《道德經》就是丹經，都會引起百家的不滿。

換一個老練的說法吧：它指導了丹經，它絕對可以做萬卷丹經的綱領。

這樣說諸子就不拍磚了。

而《悟真篇》則是公認的內丹學派的南宗祖書，但是學人也不能以為它就是實踐的教材。

以道家的風格來說，高道留下的契論詩歌，是讓入門弟子印證自己的水平的，不是在做普及，所以，在內丹學派的經典上，很少直言火候法訣。在紫陽真人的兩首詩歌中，也已經暗藏了丹道入門的玄機——凝神調息調息凝神，有興趣的學子可以在丹經中仔細捉摸、悉心參悟這八個字了，呵呵，參悟透了受用一生。

> 漕溪一水分千派，照古澄今無滯礙。
> 近來學者不窮源，妄指蹄窪為大海。
> 雪竇老師達真趣，大震雷音椎法鼓。
> 獅王哮吼出窟來，百獸千邪皆恐懼。
> 或歌詩，或語句，叮嚀指引迷人路。
> 言辭磊落意尚深，擊玉敲金響千古。
> 爭奈迷人逐境留，卻作言相尋名數。
> 真如實相本無言，無下無高無有邊。
> 非色非空非二體，十方塵剎一輪圓。

正定何曾分語默，取不得兮捨不得。

但於諸相不留心，即是如來真執則。

為除妄想將真對，妄若不生真亦晦。

能知真妄兩俱非，方得真心無掛礙。

無掛礙兮能自在，一悟頓消歷劫罪。

不施功力證菩提，從此永離生死海。

吾師近而言語暢，留在世間為榜樣。

昨宵被我喚將來，把鼻孔穿放杖上。

問他第一義何如，卻道有言皆是謗。

──紫陽真人《讀雪竇禪師祖英集歌》

找到這一句就了然了：

昨夜真人喚我來虛室相見，教了我「鎖鼻之術」，降服了心中的「牛魔王」。

「被我」，倒裝語式，「我被」。

丹派的《內經圖》中，有一頭「鐵牛」，請普庵禪師來說道說道：

圓應牛，經劫沒人收。

若不遇人，虛度春秋。

如今橫穿鼻孔，水草皆休。

有時放，有時收，

隨分納些些，自性優游。

獨奈何，勞別討，混跡應不迷流。

不許犯他苗稼，也不犂他田丘。

飽飲雪山肥膩，一頓更不他求。

眉毛眼睫，動轉綢繆，

試問溈山水牯牛，有甚風流。

向左膊上書字，著甚來由。

任你千般引□，不肯回頭。

不如臥雲枕月，運氣常周。

假使銀蹄金角，氣射斗牛，

居吾腹內，不得出頭，

吞底乃刀山劍樹，業到解散骷髏。

誰知體如巨海，妄起浮漚。

風擊漚生，漚滅何愁。

湛然智海喻真牛，圓應頭頭豈用修。

顯然，和尚寺院裏的那頭牛，已經馴化了。

想要「鐵牛耕地」，我們得先找到「鼻孔」，才能調教野牛。

呵呵，所以說，雖然在《隋唐》、《說岳》的評書裏，道士總被稱為牛鼻子老道，但是，對此鼻孔入迷的，也不單單是老道，高僧對此「孔竅」也是懷有莫大興致的：

潙山牛加字，鼻孔皆相似。

牧人執杖看，免惹閒公事。

——普庵《金剛隨機無盡頌·究竟無我分第十七》

南嶽與天台，皆入鼻孔內。

試問野狐精，你作麼生會。

——普庵《金剛隨機無盡頌·非說所說分第二十一》

鼻孔撩天老古錐，入泥入水驚貧兒。

死中得活機鋒疾，不斷玄風徹紫微。

——普庵《頌古九十八首其一》

知有之人不出頭，涅槃光裏度春秋。

一條水牯金穿鼻，萬劫逍遙得自由。

——普庵《頌古九十八首其一》

我感覺神僧私下裏沒有少看道家的書，不單是感覺啊，呵呵，有詩為證：

十力功高誰履踐，叔宜重叩普庵門。

玄玄眾妙靈知有，自肯唯心聞不聞。

時信金剛通佛慧，情忘想盡合乾坤。

夜月曉風消息滿，希夷獨步道常存。

鼻孔者，氣穴玄竅。前面說過了，參見其「此法身，無變壞，鼻孔里許藏三界」句子。

「老古錐」者，先天一氣也。南先生解釋為「老古董」，也頗有旨趣在焉：

那座山正當頂上，有一塊仙石。

……蓋自開闢以來，每受天真地秀，日精月華，感之既久，遂有靈通之意。

——《西遊記》第一回

你只要會得，那就是「頭頭是道」。

所以你看在紫陽真人筆下，無論是春花秋月還是人情世象，信手拈來，無不是他說道的題材。

道教四或五派丹法，無論你用哪一種，目的是「心息合一」。

對學人言，入門之初，就是找到適合自己的方法。

就法門而言，最適合本人的是「西派」的下手：

那個調息於「身外玄關」，最為妙不可言。

得了「心息合一」，也就拽到了那一根兒韁繩。

這頭青牛，很不一般，值得說道說道：

它即是農耕民族的象徵，也是道家的圖騰。

老子歸隱終南時，騎的就是青牛。

這頭牛後來還上了丹派著名的《內經圖》。

在這幅圖中，它蘊含這內丹道的一個「天機」……

花開兩朵，各表一枝：

話說，「兜率宮」被盜了一頭牛，就是警察找來，也不礙事。

你實事求是地說就是了：

原本，無意間你拾到了一根草繩，卻，沒有想到後面跟著「佛陀」……

> 轉轉，兩頭不著中心選。
>
> 無位真人是阿誰，佛祖鼻孔穿成串。
>
> ——普庵《頌十玄談·轉位》

禪宗提出的「無位真人」，禪僧自己解釋：

> 銷融頓入不思議，仔細推詳我不是。
>
> 無相光中古佛傳，盡被真空穿卻鼻。
>
> ——普庵《頌證道歌·證道歌》

哦，是真人穿引佛陀啊？還是佛陀穿引真人？

分不清啊，愛誰誰吧。

> 南嶽與天台，皆入鼻孔內。
>
> 試問野狐精，你作麼生會。
>
> ——普庵《金剛隨機無盡頌》

故云，雖是「兩說」，其實「一物」，即先天一氣，在道即「真人」，在釋即「佛祖」。

這麼說吧，人們多知高道張三豐遇「火龍真人」而得道的故事，鮮有問「火龍真人」是誰者，紫陽真人說得分明：「跨個金龍訪紫薇」。

噫——

明白了沒有？全都是譬喻。

《內經圖》中的牛者，何也，先天一氣也。

丹派為了區別「經絡之氣」，特意又造了個字：炁！

都說到這份上，普庵禪師覺得意猶未盡，索性把佛教的那個「實體」的西天，也給鏟平了：

> 本原自性天真佛，一體無邊含萬物。
>
> 迷時只道有西天，悟來當甚乾蘿蔔。
>
> ——普庵《頌證道歌・證道歌》

> 大休歇處不尋常，妄想消時世已忘。
>
> 都向別求真極樂，誰知當下是西方。
>
> ——憨山《南嶽山居》

民智未開的年代，他說「西天」就是鎮州盛產的大蘿蔔頭，這也太沒有滋味了吧，叫人如何下飯？

民智未開的年代，具有「實體」意味的「淨土」、「天堂」、「上帝」說，還是很治療的。

現在，我們要從宗教文化中，開掘遠古的智慧，那真得在知行並用中，費一番腦筋的。

破除迷信，與時俱進！還要說什麼？

比翻書還快，看，簡直就是隨心所欲、「信口開河」。

但要人會得、懂得，萬變不離其宗。

然後，這青牛的不同尋常在於，它會自己耕地的，「老牛自知夕陽晚，不用揚鞭自奮蹄。」

> 家園景物麗，風雨正春深。
>
> 耕鋤不費力，大地皆黃金。
>
> ——紫陽真人《金丹四百字》

好一副江南水墨。

那麼，紫陽真人所謂的「把鼻孔穿放杖上」，還要饒舌嗎？

大顛和尚注《心經》時，也是滿嘴的「道話兒」：

雲門道：一條拄杖子，化為龍，吞卻乾坤去了也。山河大地從什麼處得來？若從這裡，明得便了。芥子納於須彌。須彌納於芥子。藏身處，沒蹤跡，沒蹤跡處，莫藏身。神通自在，出沒自由。或現大身，滿虛空界；或現小身，微中極微，細中極細。拋向諸人面前，打鼓普請看不見。會麼？海底金烏天上日，眼中童子面前人。

──《摩訶般若波羅密多心經唐大顛禪師實通注》

再看紫陽真人另一首：

求生本自無生，畏滅何曾暫滅。

眼見不如耳見，口說爭似鼻說。

──《生滅頌》

在這兒，「眼見不如耳見，口說爭似鼻說。」

這一句，可謂整個《悟真篇》的「畫龍點睛」之筆，和靈魂所在：

「眼見」──在修行文化中，幾乎不約而同地認為「皆虛」。

禪宗有個小品，屬於室內劇，投資寥寥，劇情平平，卻很轟動，就是表示這個意思的。道曰：「說破人須失笑」：

一天晚上，龍潭說：不早了，洗洗睡吧。

侍立一旁的宣鑒道了一聲：您也洗洗睡。

走出了禪堂他發現：夜，是這麼得黑。

龍潭點燃一根紙燭遞過去。

宣鑒伸手去接時，龍潭又「撲」地吹滅了。

宣鑒心中豁然開朗，倒頭就拜。

龍潭問：你見到了什麼，就拜？

德山說：不扶牆就服你，今後不再懷疑老和尚的舌頭了。

蠅愛尋光紙上鑽，不能透過幾多難。

忽然撞著來時路，始知平生被眼瞞。

──白雲端《蠅子透窗偈》

《楞嚴經・破妄識無處》：「眼色為緣，生於眼識，眼有分別，色塵無知。識生其中，則為心在。」

燃燈，能見；滅燈，不見──這是眼識的因緣見滅，非「見性」之「見」。

「識」即眼識。所以，阿難說：「這個眼識，生於其中，則為心在。我所指的中間之心，就是指眼睛攀緣色塵，產生了眼識的那個──分別心。」

古今學道與參禪，未諳眼耳妙言詮。

一粒玄沙無住本，時時興販海南船。

——普庵《頌古九十八首》

嚴霜晚露，徹骨清寒。

閒引少林無孔笛，為君吹起小陽春。

滿眼覷不見，滿耳聽不聞。

一堂風冷淡，千古意分明。

——道寧《偈六十九首》

以佛教學理來解說，這就是眾生為什麼不能「見性」。因為他們是通過浮塵六根來感知外境的，形成所謂的相，六識把這個相再予以分別，就有了黑夜白天遠近不等，人們完全被這些（色相）所迷了。《金剛經》謂之「凡所有相，皆是虛妄」，《楞嚴經》謂之「背覺合塵」。背離了先天覺性，跟著後天塵相跑，這一跑不要緊，一般人們都是「死不回頭」——人之成長的過程，其實就是著相的過程。

而且，人們大多都不知道自己的行為、思想和情緒（情感），受到條件反射的影響有多大，因為人類習慣了條件反射後，就淪為了習慣的奴隸，成了「鬧情緒」之人。而修行呢，是要人們從習慣的主宰中解脫出來，做非條件反射（「無所住之心」）的奴隸，不再「鬧情緒」。

有什麼好鬧的呢？鬧來鬧去，都是奴隸，呵呵。

杯涵落廣弓，疑蛇病腹中。

一切著眼壞，誰肯學真空。

——普庵《金剛隨機無盡頌·化無所化分第二十五》

義寫非臺鏡，廓照圓融淨。

當頭的是誰，不識方稱定。

——普庵《金剛隨機無盡頌·結實分主》

換句話說，在見與不見的形而之上，有一個決定著能見與所見的自性本體，就在燃起、熄滅的明暗交替之間，道曰「先天」、儒曰「太極」，釋子曰「真空」：

千眼難觀誰解見，赤幡直下起清風。

妙覺十方無影像，靈知三界絕行蹤。

——普庵《偈頌十四首其一》

「鼻說」──即禪意十足地、簡明扼要地總結了莊子的心齋之道，也指出了深入大道的唯一門徑──調息──此為不二法門。釋子曰：

> 無說名真說，唯有□迦葉。
>
> 無聞而聞聞，四七當頭別。

——普庵《金剛隨機無盡頌·非說所說分第二十一》

另，《悟真篇》七言律詩第二首云：大藥不求爭得遇。第十三首云：爭如火裏好栽蓮。七言絕句第一首云：爭得金丹不解生。第八首云：爭似真鉛合聖機。第四十首云：爭得金烏搦兔兒。第六十四首云：教人爭得見行藏。

另，曹文逸《靈源大道歌》「比如閒處用工夫，爭似泰然坐大定」。

皆同解：「爭」字，始見於唐代，後來成為宋元詞、曲慣用語，隨著「怎」的出現而逐漸棄用。

因為唐明皇的御詩用過這個字眼，加之詞、曲最初就是當時的流行歌曲，它的遣詞造句一定是很有影響的，後來的詩人也屢用不鮮，不免地也就影響了天上人家。參見：

李隆基《題梅妃畫真》：

> 憶昔嬌妃在紫宸，鉛華不禦得天真。霜綃雖似當時態，爭奈嬌波不顧人。

司馬光《西江月》：

> 相見爭如不見，有情何似無情。

周邦彥《蕙蘭芳引》：

> 今夜長，爭奈枕單人獨。

柳永《憶帝京》：

> 畢竟不成眠，一夜長如歲。也擬待、卻回微蹙。又爭奈、已成行計。

《西廂記》：

> 有心爭似無心好，多情卻被無情惱。